共に揺れる、共に育つ

四十年間教壇に立った或る教師の想い

杉原米和

りょうゆう出版

目次

序章★コロナ禍のもとの教育……13
「待つ」　15
授業の楽しみ　16
薔薇の蕾のような存在――教育実習生　17
教師の眼差し　19
教師に必要な力　20
緑蔭に憩う　22
出会いは楽しい　24

第一章★自分を掘る——学びの場から……27

自分を掘る　29
感性を育てる　30
関係を育む　32
二十代の自分に出会う　33
平和を語り継ぐ——長崎への旅　35
学校はいたるところにある　36
いそがなくてもいいんだよ　38
人が変わるところに付き合う　40
夜空の星——教師だった義姉の宝物　42
黒板に向かって　43

第二章★揺れながら待つ——教師という道……47

目次

「守破離」 49
魅力ある先生とは 50
揺れながら待つこと――初めての教壇 51
「震える弱いアンテナ」を持つ 52
職人のように 54
感情を耕す 55
失敗から学ぶ 57
答えは自分の中に 59
鳥の目と虫の目 61
逆説と内省 63
過去の自分と出会う 64
得手に帆を揚げる 65
私の中の大きな学校 66
学校の個性、学校文化 68
人は一艘の舟、学校は港である 69
人は何度でもリセットできる 70

第三章★共に育つ――子供と親と教師と……73
教育は「共育」　75
選ぶことは喜びである　76
親子関係の気づき　77
自尊感情を育てる　80
子供たちの才能はさまざまである　81
道は近きにあり　83
平凡な日々などはなく　85
花のような言葉　86
言葉を変換する　87
橋を架ける　88
子供たちから生きるヒントを学ぶ　89
「潜行密用」　91
「そりゃいいね」――進歩は楽観主義から　92
言葉だけが「言葉」ではない　94

第四章★人の心組み――詩とともに……97
他人は自分の鏡 99
自分と出会う 100
心を塗り潰さない 101
出会いの「学校」 102
空の広さに憧れる 104
「お先にどうぞ」の心 105
ハンゲショウ 106
求めない―― 107
変化と不変 109
心の貯金 111
空に聞く 112
イメージで遊ぶ 112
寄り道を楽しむ 113

マイナスがプラスに 114
寅さんと山頭火 115
眼差しの優しさ 117

第五章★本の世界へ旅する……121

「志」をつなぐリレー 123
言の葉の世界へ 124
父親としての鷗外 126
漱石の恋人 127
実篤への旅 129
さよならだけが人生だ 131
良寛――愚の自覚と自在な精神 135
寄り道も小さな旅 138
花がつないだもの 141

むずかしいことをやさしく　143

私の本棚★★★ブックレビュー　145

子供への眼差し　145

★中川李枝子『子供は　みんな　問題児。』（新潮社）　145
★灰谷健次郎『子どもに教わったこと』（NHKライブラリー）　146
★おほ　しんたろう『学校と先生』（ナナロク社）　147
★瀬尾まいこ『ありがとう、さようなら』（角川文庫）　148

先達からの贈り物　150

★山本有三『米百俵』（新潮文庫）　150
★志村ふくみ『伝書　しむらのいろ』（求龍堂）　152
★小島寅雄『大愚　仏に向かう心』（春陽堂）　154
★福田和也『人間の器量』（新潮新書）　155

しなやかな心へ　158

★茂木健一郎・重松清『涙の理由』（宝島社）　158
★エバレット・ケネディ・ブラウン『失われゆく日本～黒船時代の技法で撮る～』（小学館）　159

★佐藤文隆、高橋義人『10代のための古典名句名言』（岩波ジュニア新書）160
★野矢茂樹『哲学な日々　考えさせない時代に抗して』（講談社）162
悩みに向かう読書　163
★佐治守夫『カウンセリング入門』（国土社）163
★河合隼雄『こころの処方箋』（新潮文庫）164
★辰濃和男『私の好きな悪字』（岩波現代文庫）165
★小澤竹俊『今日が人生最後の日だと思って生きなさい』（アスコム）166
すばらしき絵本　168
★レオ・レオニ『フレデリック』（谷川俊太郎訳、好学社）168
★『ハチドリのひとしずく』（辻信一監修、光文社）169
★奈良美智『ともだちがほしかったこいぬ』（マガジンハウス）171
★佐野洋子『だってだってのおばあさん』（フレーベル館）171
第六章★言葉の杖――故郷を想う……175
ある高校教師の言葉　177

言葉を杖として　178
方向転換　178
忘筌　179
「民々と呼ぶ」　180
春雷　180
感じて動く　181
逢花打花逢月打月　182
一苦一楽　183
行路離　184
事実は味方　185
学ぶことは遊ぶこと　186
自分に由り、自分を信じる　186
故郷を想う　187
犀川　187

心の中の雪景色　190
雪明かりの路　190
雪の日の思い出　192
階段の踊り場　192
風花の舞う街　194
感化力　196
北の都に秋たけて　197
能く登る　198
「能登はやさしや」　200
波に向かう船　202
あとがき———205

序章★コロナ禍のもとの教育

「待つ」

今、教育現場では、生徒の成長をゆっくり待てなくなっている気がする。人は「促成栽培」などできないのだが、早く結論を求めがちだ。

例えば、「籠る」ことも、一人でいることも、成熟の上で大切な時間なのだが、外からは否定的に見られがちである。

「待つ」ことも、同じである。

内側から殻を破ろうとする前に、外から大人が殻を破ってしまう。

「啐啄同時《そったくどうじ》」という言葉がある。「啐」とは卵がかえろうとすることを言い、「啄」とは親鳥が外からつつくことを言う。

学ぼうとする者と教え導く者の息が合っていることの大切さを示す言葉である。

授業の楽しみ

現在、大学で、対面と非対面のオンライン参加、両方可能な授業をしている。

大教室に座る学生は少ないが、自宅にいる学生も参加している。一方的な講義ではなく意見交換をする、教職の科目だ。

実践的な学校現場のケースについて意見交換をする。すると、こちらが何十年の経験で身につけた向き合い方について、ある学生が「こうしたらどうでしょうか」と指摘してくる。私は驚き、そして、うれしくなる。

学生は、感覚的に、柔軟に生徒の心を受け止めている。私の経験と、学生の今の感覚が触れ合う。対面であれ、オンラインであれ、それが授業の楽しみである。

――薔薇の蕾のような存在――教育実習生

くれなゐのバラにして金をふくみたる　山口青邨(1)

晴れた日も、雨の日も、薔薇は美しい。

庭の薔薇を活ける。お花を活けると、気持ちが澄む。

頑張ろう、頑張らなくていい……。振り子のように小さく揺れる。色々な気持ちの色合い。

弓の張りを少しゆるめる。のろのろ、うろうろ、ゆっくり進む。

他の人とつながるだけでなく、自分とつながる。


2020年は、新型コロナウィルスの感染拡大で、教育実習が秋に延期された。本来なら、五月や六月は、教師希望の大学生が教育実習に臨む時である。

今は、教育実習生を送り出す側だが、私も、金沢の学生時代に大学の附属中学と高校へ教育実習に行った。教材研究で睡眠不足の毎日が続いた。

人も皆、今より素敵な人になりたいと思う。子供たちは、もちろんのことである。

そんな時に、教師が、子供たちに「あたたかい言葉」を投げかけられるかどうか。

教師も人間だから、心中が晴れの日も、雨の日もある。

しかし、教室の生徒に会うまでに、心の調整が必要である。教材研究と同じように、心の準備をする。舞台に立つ役者さんのように――。

目に見える教材と違う、心の有り様を振り返る。

自分の心の状況に気づかずに、子供たちの前に立ってしまうことがある。気をつけねばならない。


教師の専門性の大事な三本柱がある。

一本目は「授業研究」、わかりやすく教えること。

二本目は「自己理解」、子供たちとの関係性を育てること。

そして三本目は、仲間教師との協力関係である。


毎日、子供たちと接するのだから、自分を知ることが大切だ。

時には、子供たちの言葉で傷つくこともある。心のタフネスと繊細さの両方が必要になる。教師もまた、自分の心を守るために。

そんな、素敵だけれど難しい仕事を志す実習生たち。
薔薇の蕾のような存在である。

教師の眼差し

運動会終りし教師山の秋　山口青邨

運動会や文化祭は、子供たちや教師にとって、学校行事の一大イベントである。
共に、夢中になって創り上げる喜び、
そして終わった後の、秋の深まり――。

今、小学校を訪ねることが多い。中高の現場から離れて、教員養成の仕事をしている関係である。小学校でも、運動会や文化祭は、中止、または形を変えての実施が多い。運動会の種目でも、距離をとっての縄跳びやリレーなど、さまざまな工夫をされている。コロナ禍の中で、できる形をなんとか模索したのであろう。
子供たちにとって、学校は活躍できる場が多い方が楽しい。そして、チームワークを学ぶ場でもある。失敗や挫折、悔しい思いも勉強であり「人間関係」を学ぶ場である。

いつも心が熱くなるのは、指導されている先生方の、子供たちへの眼差しのやさしさである。管理職の先生方も、近くから、遠くから、子供たちを見ようとされている。

「まず、児童、生徒をよく見ることが大切」と、私も学生たちに授業で話している。「良くないことは叱り、良いところはたくさん褒めてあげよう」と。

子供時代に、先生に褒められたことが、その人の生涯の仕事につながることがある。教師の言葉は、良きも悪きも大きな影響を与える。

教師に必要な力

今、教師志望の大学生とwｅｂ面接をしている。そんな学生に、「教師に必要な力」を聞いてみる。２０２０年は、教育実習に行っていない学生がほとんどで、自分なりに考えたことである。自身の受けた教育、バイトでの人間関係、塾講師の経験などから考えたことを言い合う。

人間力、思いやり、授業力、コミュニケーション力、生徒指導力、協調性……。さまざまな答えが返ってくる。そんな中で、ある学生が、「常に学び続けることです」と答えてくれた。私は、なんだかうれしくなった。

大村はま先生の(2)「『研究』をしない教師は先生ではない」という言葉を思い出す。

また、ある私立学校の理事長兼校長先生も、若き先生に「今、あなたのカバンにどんな本が入っていますか。常に学ばないと」とアドバイスしておられた。

江崎玲於奈先生の(3)「自主教育」という言葉も思い出される。

以前、東京大学の伊藤国際学術研究センターで「これからの社会が必要としているチカラとは」というセミナーに参加した時のことである。

講演者は、江崎玲於奈先生と斎藤孝先生。(4)

江崎先生は、次のようなことを話された。

「教育には受け身の教育と自主教育がある。後者は、疑う・考察する・探究する・実行に移すことが大事」

「自分が人生のシナリオを書き下ろしなさい」

「初々しい感性と飽くことなき好奇心を持ち、学ぶことに最大の価値を置く」

斎藤先生は、「教育は祝祭だ」と語られた。

「毎日の授業で感動を伝える。そして、教師の生き方を見せてほしい」と言う。

先達の言葉に力づけられる。いつまでも、初々しい心で学びたい。そして、楽しみながら、新しい自分を切り拓きたい。

緑蔭に憩う

緑蔭に憩ふは遠く行かんため　山口波津女(5)

夏の日射しの中、木立の蔭に憩う。遠くに旅する人には必要なことであろう。そんなに、急ぐことはない。遠くの山々を眺め、しばし、緑陰に憩う。

従来の学校の夏休みは、教師にとって、講習や部活動の仕事の日々であり、しばし、ひと休みの時間でもある。そして、自分自身の、学びの充電の時だった。

2020年は、様変わりしてしまった。学校の夏休みは、どこも短くなる。学習の遅れを取り戻すためである。この間、教員は、新しい経験の中でリモート教育の工夫改善を続けた。

今は、対面授業の中で、感染拡大をおそれながらの学校生活であろう。


五十年近く前のことである。

高二の夏に、一泊のクラス合宿をした。受験を前に思い出作りをしようと、ホームルームの時間に話し合った記憶がある。自分たちが企画し、担任を巻き込んだのだ。

高校のあった七尾市内の能登島に、船で渡った。能登島は、作家向田邦子さん(6)のお父さんの故郷である。今では、能登島大橋ができて車で渡れるようになったが、当時は船の便しかなかった。

暑い夏の一日。船を降り田んぼの中を歩いて、合宿先のお寺へ。

夜の花火。クラスの仲間と、静かに線香花火を見つめた時間。何気ない思い出が、今も心に残っている。

何十年後かのクラス会で、その時の思い出が語られた。


また、私の所属していた高校の文化部（JRC）(7)の夏合宿は市内の海の近く、江泊の中学校舎で行った。

私たちは教室、日本史の教師だった顧問は用務員室で寝ていた。おおらかな時代だった。

ある時、アメリカから講演で来日した高校教師が、「教師にとっての夏休みは飛行機が空港で給油するようなものだ」と話していた。充電の時である。

飛行機は、また、たくさんの生徒を乗せて飛び立つ。機体の整備やパイロットの心の健康が重要だ。安全な旅をするためにも。

出会いは楽しい

大学で「特別活動論」の講義を担当している。

「特別活動」とは、学級活動、生徒会・児童会活動、クラブ活動、学校行事などのことである。

昨年は、「グループアプローチ」の授業をした。クラスの中での関係創りをテーマに、体験的なワークをたくさん取り入れた。経験を通して、自分の中に起こる気づきを大切にした。

「答え」は、自分の中にある。まずは、自分を知ることが大事なのである。

「特別活動論」は、実践的教育論として、学習指導要領を縦軸に、私の教師としての体験的な経験を横軸にしながら授業を進めている。感染対策のため、広い教室を使って、履修者の半数が教室、残りの半数は自宅での同時オンライン授業となるハイブリッド型である。毎回、教室で受講する学生と自宅学習の学生が入れ替わる。

二十代から参加していた非構成的エンカウンターグループや、後に学んだ国分康孝先生(8)の構成的エンカウンターグループの経験が、実践現場で私の力になった。その両方の経験を土台にして、私なりのエクササイズを考えて学生に伝えている。

授業で具体的に取り上げるのは、ホームルームでの自己理解・他者理解のワーク、実践的な課題の取り組み方などである。

例えば、不登校の生徒への対し方。もちろん、まずは学生に自分なりの考えを言ってもらう。中には、小学生の時「不登校でした」と言う学生もいる。

学校、クラスは、出会いの場である。それぞれの持ち味を出しながら、「今」に出会う。出会いは、楽しい。時にはつらさもあるが、やはり新鮮で楽しい。

昨日、大学の事務職員の方が、以下のようなことを話してくれた。

「いつもは、四月、新入生に教室の場所を聞かれるのが楽しいんですよ。今年は、やっと後期になって新入生が構内に入って来た。でも、半数に分かれてですから。なんだか寂しい」

出会いの場としての「学校」が、以前のように元気になってほしい。

（1）山口青邨（やまぐちせいそん　1892〜1988年）　岩手県生まれ、俳人、鉱山学者。東京大学名誉教授。高浜虚子に俳句を師事。

（2）大村はま（おおむらはま　1906〜2005年）　神奈川県生まれ、国語教師、国語教育研究家。五十二年間の教師生活を経て「大村はま国語教室の会」を主宰した。

（3）江崎玲於奈（えさきれおな　1925年〜）　大阪府生まれ、物理学者。1947年東京帝国大学卒業、1973年ノーベル物理学賞受賞。

（4）斎藤孝（さいとうたかし　1960年〜）　静岡県生まれ、教育学者、明治大学教授。2001年に出版した『声に出して読みたい日本語』がベストセラーとなる。

（5）山口波津女（やまぐちはつじょ　1906〜1985年）　大阪府生まれ、俳人。山口誓子に師事し、妻となる。『ホトトギス』『馬酔木』の同人として活動。

（6）向田邦子（むこうだくにこ　1929〜1981年）　東京生まれ、脚本家、作家。『思い出トランプ』で第83回直木賞受賞。能登出身の父親を描いた随筆に『父の詫び状』がある。

（7）JRC　Junior Red Crossの略。青少年赤十字の活動を指す。

（8）国分康孝（こくぶやすたか　1930〜2018年）　大阪府出身、心理学者、東京成徳大学名誉教授。日本カウンセリング学会会長などを務めた。

第一章★自分を掘る——学びの場から

自分を掘る

美しいものに出会うと、自分も美しいものを生み出したくなる。

美しい人、良き人に出会うと、自分もそんな生き方がしたくなる。

生き方は、「教える」ものではなく、自分から「学ぶ」ものかもしれない。良き人の生き方から、自然としみてくるもの。

人生の「学校」は、そんな出会いの場。出会いに満ちている。

金の採掘のように、何度も何度も自分を掘る。

感性を育てる

教育現場は、毎日が大小の人間ドラマである。

ある教師志望の大学生が、「同じことを繰り返しているデスクワークが苦手。学校は毎日違うからやりがいがあると思いました」と話していた。夕方からは塾講師のバイトをしているという学生である。

私は、その学生に「毎日が違うとは、そのとおりだよ。だから、難しさと楽しさもある」と答えた。

「仕事」は「為事」。やり終えた後の疲れと充実感がある。まして、学校は人間関係の現場だ。

生徒は、揺れながら成長していく。いつの時代も、人は悩んで大きくなる。教師は、その心の揺れに付き添う。

立ち止まったり、つまずいたりする生徒たち。そこから、教師は逆にたくさんのことを感じ、学ぶのである。

そんななかで、生きることが「下手」なのは、本当に「下手」なだけなのかとふと思う。宮沢賢治の詩の中にある、「デクノボー」の不器用さに惹かれる。

ミンナニデクノボートヨバレ
ホメラレモセズ
クニモサレズ
サウイフモノニ
ワタシハナリタイ　（『雨ニモマケズ』）

不器用でも真っ直ぐに向かう姿を忘れていないか、と自問する。

『第三十三回現代学生百人一首』（東洋大学　2019年）に、次のような歌があった。

教科書に載る恋歌の乙女らと恋バナしたく五限の古典　高三・影長美咲
「待たせてた？」「今来たところ」とはにかんだ今は約束の二十分前　中三・国則　恵
中三でやっと手にしたスマートフォン友と語らい汗ばむ画面　中三・梶谷栄太

帰り道あなたと乗った阪急線レールと鼓動がビートをきざむ　高一・段　亮輔

いつも、「感覚」は古びない。硬くなっているのは、大人の自分の心かもしれない。生徒たちの、傷つきやすく切れば血が出る心の肌。

中高生の歌に、やわらかな「風」を感じる。

関係を育む

多くの教職希望の学生が、教師を志す理由として、良き教師との出会いを話してくれる。人は、たくさんの良き人と出会い、自分を創り上げていく。

関係を育む教育は、私が教師をしていて一番大事にしていること。生徒と教師が良い関係であれば、生徒は学び伸びようとする。

人を変えようと焦るより、関係性を耕すことが大事であろう。

もちろん、人との関係を創るためには創《きず》をともなう。傷つきながら、自分を育てていく。人は言葉で傷つき、言葉で癒される。

——二十代の自分に出会う

七十八歳の俳優山本亘さんから、今も、お芝居の案内が届く。素敵な俳優さんである。ご縁は、三十六年前にさかのぼる。

1985年に上演された「教員室」のパンフレットが手元にある。山田太一原作、地人会（木村光一主宰）によるお芝居だ。

私は、二十代の終わりに、よく地人会のお芝居を観た。山田太一さんの作品だけでなく、水上勉さんの「越前竹人形」「釈迦内柩唄」「はなれ瞽女おりん」、井上ひさしさんの「化粧」「藪原検校」——。有馬稲子さんや、渡辺美佐子さんの演技と共に味わったものである。

当時、私が住んでいた大泉学園の喫茶店に、山本亘さんもまた通っていた。亘さんが、「教員室」という舞台に出るので教員の仕事について聞きたい、と言う。私の話を聞き、亘さんは、ノートに具体的な教員の仕事をメモされていた。

世の中は「校内暴力」などで荒れていた。山田太一さんも、その社会問題を取り扱ったのである。「教員室」のパンフレットに、北村和夫さん、中村たつさんと、亘さんとの対談が載っている。

亘さんは、ある高校教師から聞いたこととして、私の言葉を紹介している。三十五年前、私は亘さんに、以下のようなことを話していた。


「教師のある一言が生徒の心を閉ざしてしまう」

「生徒とつながる回路は必ずどこかにある、自分からはその回路を切らない」

「君たちが好きだということがあれば、必ずつながれる」

——不思議なことに、私の気持ちは今も基本的に変わらない。

「困難な状況の中でも希望を持つこと」

「子供が好き、教えることが好きであること」

「子供と教師との関係性を育むこと」


私は二十代から、「生徒と教師の人間関係創り」に興味を持っていたのである。

懐かしいパンフレットのおかげで二十代の自分に出会った。

教師の「言葉」の大切さを思う。

平和を語り継ぐ――長崎への旅

新しき朝の光のさしそむる 荒野《あれの》にひびけ長崎の鐘　永井隆(1)

8月9日は、長崎「原爆の日」。

中高の教員時代、修学旅行の引率で、国内では九州・沖縄・京都、海外ではカナダに行った。九州で一番多く訪れたのは、長崎と平戸である。二十数回は行ったと思う。生徒だけで行動する自主研修の日もあり、その空いた時間には、私もよく街を歩いた。平戸の港が好きだ。その風景に、ふる里の七尾を思い出す。

長崎は、坂と祈りの街である。夜はホテルでの平和学習。あの戦争を知らない、十六、十七歳の生徒たちが、被爆者の谷口稜曄さん(2)に、お話を伺う。谷口さんが被爆されたのは生徒たちと同じ年の頃であった。

谷口さんに、平和を語り続けてこられた理由をお聞きすると、

「いつ死ぬかもしれない自分が生かされているから」

「まだ事実がしっかり伝えられていないから」

と答えてくださった。

——学校はいたるところにある

作家の出久根達郎さんは、(3)中学卒業後、古書店に就職した。勉強がしたかった出久根さんは店の主人に「夜学に通わせてほしい」と頼む。すると主人は、こう諭したという。

「本の数だけ学校があり、教師がいる」

それに倣《なら》えば、私は、人生の学校や教師はいたるところに存在すると思う。出会いを求めてさえいれば——。

三十代前半の一年間、週に一度の学校の研究日を利用し、成蹊大学の講義に通っていた。当時の図書館長・山口欣次教授(4)の授業を聴講するためである。山口教授は、江藤文夫という筆名で、『チャップリンの仕事』(みすず書房)など数多の著作を世に出す評論家だった。ここでは江藤先生と呼ばせていただく。

同じ時間帯の前期が加藤周一先生(5)の「日本文化論」、後期が江藤文夫先生の「夕鶴論」であった。この加藤先生の講義は、『日本文化における時間と空間』(岩波書店)のもとになっている。

授業が終わると江藤先生の館長室で、加藤先生を囲む会があった。
加藤先生の、世界の中での日本文化を縦横無尽に語る該博な知識に、ただただ驚くばかりであった。また、先生の若々しいジーパン姿がお似合いで印象に残っている。

また、1949年に発表された戯曲『夕鶴』を構造的に丁寧に読み込む、江藤先生の姿勢に感銘を受けた。作品の、戯曲の世界の深さに感動した。

その時以来、『夕鶴』で心に残っている場面がある。
「与ひょう」が、「惣ど」や「運ず」の影響を受けて、無理やり「つう」に布を織らせようとする。その時、「つう」は「与ひょう」の言葉がわからなくなる。「与ひょう」が「つう」の世界から離れていくからである。
「つう」は、別の世界に引っぱられていく「与ひょう」に次のように話す。

「(うつろに)おかね…おかね…どうしてそんなにほしいのかしら…」
「あたしのほかに何がほしいの?」

何度か見た、「つう」を演じる女優山本安英さんの声が、聞こえてくる。

何かに価値を置きすぎることで、大切な人との関係（「あたし」との関係）から、離れていくことがある。

「地位」「名誉」「業績」「数字」……。時には、あえて、それがそんなに大事なのかと自分に聞いてみる。

木下順二さん[6]は、日本の民話に取材した戯曲を書いている。

『夕鶴』の、「与ひょう」と「つう」の関係性を描くことで、大切なものが失われていく「日本」の姿を描きたかったのかもしれない。「私」と「日本」の関係である。そして江藤先生は、それを受講生に考えてほしかったのではないか。

江藤先生が、前期に加藤周一先生に「日本文化論」をお願いしたのも、そんな意図があったのであろう。何を失ってはならないのか。大切にしなければならないものは何か。

「夕鶴」の問いは、ずっと続いている。

いそがなくてもいいんだよ

いそがなくてもいいんだよ

種をまく人のあるく速度で
あるいてゆけばいい

岸田衿子さんの詩の一節である。

私は、出会った素敵な言葉をメモする癖がある。

生きることは、自分のスピードで歩くことかもしれない。競争で疲れた時は、公園のベンチでひと休み。時には、立ち止まり、空を見上げる。


昨日の夕方、私が住む街の駅近く、居酒屋さんのオープンテラス。風に吹かれ、白髪の老夫婦らしき二人が気持ち良さそうにビールを飲んでいた。しかも、ジョッキで。

服装から、近くに住んでいる様子。

「おかあさん、たまには夕飯、ここでビールを飲みながらにしようか」

「おとうさん、それもいいわね」

そんな楽しそうな声が聞こえるようだった。

若い二人の時に戻っていたのかもしれない。ゆっくり二人の時間が流れる。

人が変わるところに付き合う

人が変わるとは、どういうことだろうか。

さまざまな経験に開かれ、自己概念を改変していくことかもしれない。思い込みが強すぎて、今までの経験を絶対で無条件と考えるのではなく、事実から自分の考え方を変化させていくことかもしれない。

「ねばならない」の枠をゆるめる。

とするなら、人はいつでも変われる。自分次第である。

「事実は味方である」という言葉がある。一歩前に踏み出すと、自分がマイナスに思い考えていたことと違うことが多い。やればやれるという経験である。


中学の教員をしていた時のことである。

遅刻を繰り返す一人の生徒がいて、担任が私に相談に来た。生徒の眼は、雲がかかっているように眠そうである。こんな時、多くの場合、教師が一方的に叱ることが多い。そして、教師も、生徒の変化を待てないであきらめてしまう。それでは関係が改善されないままである。

その担任のように、自分だけで抱えこまず、他の教師に相談するのは、良い方法である。別の教師やカウンセラーが、時に、同伴者のように生徒に向き合う。ゆるやかな横の関係を持つ。

何度か、彼と話した。もちろん話題は、遅刻以外のことが多かった。

私は、彼の「近況調査」の資料を見ながら、あることに気がついた。本人と兄弟の名前に、山に関する文字が使われているのである。その時は、お母さんも交えた三者面談であった。まず、二人を前に「素敵な良い名前ですね」と褒めた。素直に、そう思ったからである。そして、「誰が、どんな願いを込めて名前をつけたんですか」と聞いた。

お母さんは、「夫婦とも山が好きなんです。山の頂上を目指すような人間に育ってほしいと思って」と答えた。面談のほとんどは、お母さんと、「山」と子供の「名前」の由来の話だった。生徒は、その母親の話を黙って聞いていた。私にも、ご両親の「願い」が伝わってきた。

最後に私は、「担任の先生に聞いているけど、どうすれば学校に来られる」と本人に聞いた。すると、自分の方から、「〜すれば来れます」と、ある提案をしてきた。「大丈夫かな」と私。「大丈夫です」と生徒。その後、その生徒は休まずに通学し、学年の上位でがんばった。大学に入り、教育実習にも来た。

大学生になった彼の顔は晴れ晴れとして、目に力が入っている。人が変わるのには時間がかかる。そして、教師はそれに付き合う。

生徒との関係では、不思議なことが起こる。だから、「学校」は面白い。

――夜空の星――教師だった義姉の宝物

先日、千葉県山武郡《さんぶぐん》で、二年前に七十歳で亡くなった義姉を偲ぶ、身内だけの小さな会があった。自宅は九十九里に近く、すぐ目の前が海である。その会で、私はお花を活けて飾った。

義姉は、結婚前、埼玉の越谷や川口で公立中学の理科教師をしていた。義兄の新潟への赴任でやむなく仕事を辞めた。義兄は、仕事の性質上、おおむね三年ごとに配属先が変わった。新潟、網走、富山、横浜、松戸……。

まだ、二人が二十代、結婚したばかりの頃。

東京を離れる時、担任をしていた三十人程のクラスの生徒が上野駅に見送りに来てくれ、電車の中で義姉は泣いてしまった。また、その年の夏休みには、新潟まで十人程の生徒が遊びに来てくれたという。

義姉は、教師を続けたかったようである。夏には学校の教室に泊まり、生徒と星の観察をしていたとも聞いた。

生徒との時間が楽しかったのであろう。

そんな話を義兄から聞いていていて、なぜだか涙が出そうになった。私は、生前、その義姉から、

『遠山啓著作集』をもらっている。

教師は、不思議で素晴らしい仕事である。生徒との関係が「宝」である。

――黒板に向かって

私の教員生活は、1980年にスタートした。それからもう四十年である。迷いながら悩みながら、喜び、教えられての「道」である。

中二の時に教師を志したが、決定的に「道」を決めたのは高校時代のことだった。書道の老教師が、授業の初めにいつも雑談のようなものを話してくれた。私は、その寄り道のような雑談が好きで、書道の授業を楽しみにしていた。

ある日、先生が尊敬するという西田幾多郎先生(7)の文章にある言葉を教えてくれた。

「回顧すれば、私の生涯は極めて簡単なものであった。その前半は黒板を前にして坐した、その後半は黒板を後にして立った。黒板に向って一回転をなしたといえば、それで私の伝記は尽きるのである」(『或教授の退職の辞』)

高校時代、これからの進路を考えていた頃だったから、心にしみこんできた。そんな人生を自分も送りたいと、ずっと憧れた。

あの時代、私は、教師から「人生の話」を聞きたかったのである。

教育とは、「希望」を共に語ることかもしれない。

私は、去年長年勤めた私立学校を退職し、今は、その「道」を学生の皆さんに授業で伝えている。今日も、三人の学生さんと教職相談があり、ワクワクしている。また、新しい楽しみの中に生きている。

教師の仕事は継続中である。

（1）永井隆（ながいたかし　1908〜1951年）　島根県生まれ、医学博士、作家。1945年8月9日、爆心地から700mで被ばく。著書に『長崎の鐘』『この子を残して』などがある。
（2）谷口稜曄（たにぐちすみてる　1929〜2017年）　福岡県生まれ。十六歳の時、長崎市内、爆心地から1・8㎞地点で被ばくする。自らの体験をもとに、核兵器廃絶運動に尽力した。
（3）出久根達郎（でくねたつろう　1944年〜）　茨城県生まれ、作家、古書店主。高円寺で古書店「芳雅堂」を営む。『佃島ふたり書房』で第108回直木賞受賞。
（4）山口欣次（やまぐちきんじ　1928〜2005年）　神奈川県生まれ、成蹊大学名誉教授。江藤文夫の筆名で評論家として活躍。著書に『チャップリンの仕事』など。
（5）加藤周一（かとうしゅういち　1919〜2008年）　東京都生まれ、医学博士、評論家、作家。『日本文学史序説』『日本人とは何か』など、著書多数。
（6）木下順二（きのしたじゅんじ　1914〜2006年）　東京都生まれ、劇作家、評論家。「鶴の恩返し」を題材とした戯曲『夕鶴』の作者として知られる。
（7）西田幾多郎（にしだきたろう　1870〜1945年）　石川県生まれ、哲学者、京都大学名誉教授。能登尋常中学校七尾分校教諭などを経て、京都大学教授。『善の研究』で知られる。

第二章★揺れながら待つ——教師という道

「守破離」

教師も生徒と同じように悩み、成長する。授業の悩み、生徒や同僚、そして保護者の方との関係性に悩む。その関係性は、現場で学んでいく。教師という仕事の中で、いくつもの山を越える。自らのターニングポイントになる出来事にも遭遇する。そこから、成長していく。

「守破離」という言葉がある。「守」は、型を守る。「破」は、自分なりの工夫をして型を破る。そして、「離」は新しい型を作る。

教師の仕事にも、同じような面がある。まずは、自分が受けて来た教育の中で、モデルを持つ。そして、型から脱皮して、自分のスタイルを作り上げる。古い自分の型を破ってくれるのが生徒である。生徒は、教師を広い地平に連れて行く。また、同僚や保護者の方からも導かれる。

「破られた」時から、新しい自分が見えてくる。そんな営みが、教師であるかぎり続く。

魅力ある先生とは

中野孝次さんの(1)『碧落に遊ぶ』（彌生書房）を読んでいたら、「魅力ある先生とは」という文章があった。その中で「教師になったからといって教師のペルソナのかげに身を隠してばかりいる人は、ついに真の自己になることができないだろう」と記されている。

そして、「裸の自分を出すということは、教師が自己を獲得するための必須の道」だという。

中野さんは、私立大学で二十八年間のドイツ語教師の経験がある。

私の経験からも、教師というペルソナにとらわれすぎていると、自分の内面が育たない。生徒との生きた交流が生まれてこない。関係性は、一方通行では実りがない。生徒からも、学ぶからである。教師も裸の自分を育てるしかない。

私も、三十〜四十代はカチカチの教師だった。そして、迷いの中にあった。四十代の半ば頃から、ようやく力が抜けてきた。

どんな仕事でも、平坦な道はない。

揺れながら待つこと――初めての教壇

ある教育実習生の思い出である。

放課後、廊下で様子を聞くと、こう答えた。

「五十分って大変ですね。慌ててしまい、板書の字は間違えるし……。実習、続けられるか不安です」

たしかに初めての教壇である。緊張の極みなのであろう。

彼は、教師は生徒の質問になんでも答えられなければならないと思っていた。だから、焦って答えてしまう。そして、間違える。

私は、初心の頃を思い出し、その実習生にこんなことを話した。

「そりゃ、なんでもわかっているにこしたことはない。だから、教師も勉強する。でもね、たとえわかっても、すぐに答えないこともある。生徒と共に、わからないところにいてもいい。

共に考え、君の考えはどうなのと聞いてあげる。もし、自分もわからなければ正直に、『僕もわからないから次回までに調べておきます』と伝える。共にいる、共有することも大事だよ。早く答えたり、早わかりしなくてもいいんだよ。慌てないで」

これは授業だけでなく、生徒の悩み事相談も同じである。

良い関係は、相手からも学べる関係。相手が自分の答えを見つけるのを、共に揺れながら待つ。一方的でなく、相互に学び合える関係なのである。

「震える弱いアンテナ」を持つ

教育実習には、最後に研究授業がある。指導教員だけでなく、学校の管理職などが見に来る。ある学生が研究授業の前に、「身体が震えるほど緊張します」と話していた。

でも、そんな時こそ、子供たちが協力してくれる。実習生のために、一座建立ではないが積極的に授業参加してくれる。子供心は、いじらしい。もちろん、三週間の間に、そんな関係性が作られたからであろう。

授業がうまくいかなくて涙。教育実習が終わって、また涙。よく泣く学生もいる。ベテランの教師になっても、震えるような感覚や初々しい心はとても大事だ。詩人の茨木のり子さんは、(2)俳優・山本安英さんの(3)「初々しさ」を「汲む――Y・Yに――」という詩で表現した。その一節には、こうある。

大人になってもどぎまぎしたっていいんだな
ぎこちない挨拶　醜く赤くなる
失語症　なめらかでないしぐさ
子供の悪態にさえ傷ついてしまう
頼りない生牡蠣のような感受性
それらを鍛える必要は少しもなかったのだな
年老いても咲きたての薔薇　柔らかく
外にむかってひらかれるのこそ難しい
あらゆる仕事
すべてのいい仕事の核には
震える弱いアンテナが隠されている　きっと……

慣れないで、いつも新鮮な気持ちで対象と向き合うこと。素人性。この「初々しさ」と研究心があるから、山本安英さんは「夕鶴」を長く続けてこられたのであろう。「初々しさ」は、花でいえば、瑞々しさであろうか。

地唄舞の武原はんさんも(4)、踊りの前には舞台袖で震えていたという。

山本さん、茨木さん、武原さん、三人のように「震える弱いアンテナ」を心に持っていたい。わくわくしながら、どぎまぎしながら、人と出逢う。

授業は、出会いの場であるから。

職人のように

「『研究』しない教師は先生ではないと思います」

「伸びようという気持ちを持たない人は子供とは無縁の人です」

「優劣のかなたで、学びひたる体験をさせたいのです」

大村はま

大村はま先生は、国語教師として、七十四歳で公立中学校を退職するまで実践を続けられた。

私は、中高の現場時代、たくさんの大村先生の本の言葉に励まされた。大村先生は、自分に厳しい先生である。

今、中高の教育現場から少し離れると、見えてくるものがある。

一つの答えはないだろうが、教員志望の学生に、「教師に必要な力とはなんだろう」と聞いている。まるで、自分に聞くように――。

先人の先輩方（東井義雄、斎藤喜博、林竹二、大村はま……）の書物から、「技術」より「心」を学び励まされた。

私は、教師に必要な力は向上心（授業力の向上、学ぶ意欲）、柔軟性（心のしなやかさ）、愛情（生徒への愛、同僚性）だと思っている。

教師も「技術」と「ハート」の両方が大切。職人さんのように、コツコツと力をつけていく仕事である。

感情を耕す

今、学校教育に欠けているものは、「感情教育」と「内省力の育成」ではないだろうか。

外からの情報は溢《あふ》れているが、内からの情報は貧しくなっている。自分の「声」が聴けない。情報の「情」は、感情の「情」でもある。自分の感情がわからないので、伝えられない。感情は自分の生きる羅針盤になると思うのだが、なかなかそれが得られない。

以下の職業で、入社三年以内の離職率が最も高いのはどの職業か。

「金融・保険」「教育・学習支援」「医療・福祉」「鉱業・採石・砂利採取」

私は、「金融・保険」だと思ったが……。実は「教育・学習支援」と聞いて驚いた。こんなに夢のある仕事なのに、なぜなのか。

優秀な先生が採用されているにもかかわらず、生徒と感情を通わせることが苦手な先生が増えているという。現場の若い先生からも「生徒とのコミュニケーションが難しい」という声が聞かれる。

生徒も教師も、自分の「声」を聞き、「感情」を伝えることが大事である。「感情教育」と「内省力の育成」を、学校教育の中で忘れてはならない。そのためには、まず教師の「自己理解」が大事である。

失敗から学ぶ

新米教師時代、一番苦手だったのは、職員室で生徒を叱ることだった。周りの先輩教師の目が気になるのだ。「しっかり叱らねばならない」という考えに、がんじがらめになっていた。目の前の生徒より、周囲に気が散っていた。

だから、生徒に、私の「声」が届くわけがない。そして、生徒の本当の「声」も聞こえてこない。良い「関係性」も、生まれてこない。

目の前の子供のことより、「点数」「数字」を気にしがちになる。

このことは、当時の私には、日常生活の人間関係でも起こりがちだった。目の前の人そのままでなく、一つの価値でその人を見がちになる。

これが、新米教師の私の「失敗」だった。

十年程教員をやって、そんな教師としての自分に「行き詰まり」を感じた。

それで、まず自分の「声」を聞こうと思った。

いわば、私のターニングポイントである。

学校の仕事が終わってから、夕方、大学やカウンセリング研究所に通った。十年ほどである。

その中で学んだことは、次のことだった。

・目の前の人に向き合う（まず、目の前の人に聞く）
・人を「操作」しない
・待つ
・「自分」に聞く
・「体」で感じることを大切にする
・自分の「声」を大切にする

これが、今でも、私の「心」の大事な柱になっている。

そして、職場の管理職として、生徒・同僚・保護者の方からも学んだ。


でも、今もたびたび「失敗」をする。

ある一つの考えにとらわれすぎている時は、やはり自分が「自由」でなくなっている。その結果、目の前の「やらねばならないこと」を忘れて、対象と距離をもてずに、振り回される。

そこで、とらわれている考えを捨て、軌道修正をする。

いつも、「失敗」から学んでいる。

「失敗」や「行き詰まり」は、自分の立ち位置の「偏り」を教えてくれる。今から思えば、新米教師としての失敗は、私の財産になっている。

答えは自分の中に

夜、軽く晩酌をして、すぐに寝てしまう。早朝に目が覚める。目覚める時、波打ち際に打ち上げられるように、思い出す言葉や出来事がある。いつも、私はそれを楽しみ、行動のヒントにしている。「答え」は、自分の中から出てくるものである。そのうちの二つを紹介したい。

「無財の七施」

仏教の教えで、特別な財産などなくても、他の人のためにできることをいう。

「七施」とは、「眼施」「和顔施」「言辞施」「身施」「心施」「床座施」「房舎施」。

中でも「和顔施」「言辞施」が、教師には特に大事だと思ってきた。生徒への微笑みと、思いやりのある言葉かけである。たった一言で、生徒のその後を変える場合があるのだから——。

自分が何をやりたいのかわからないと言う生徒には、「今までやって楽しかったこと、他の人（先生や他の大人）から褒められたことを思い出してごらん。その中から、やり始めたら」と話した。そこには、ヒントが隠れている。他の人が、自分の良さを教えてくれているからである。

残念なことに、他の人に褒められると、すぐに「そんなことはありません」と否定する生徒がいる。せっかくのヒントが、海の藻屑となってしまう。もったいない。褒め言葉を素直に受け止められるまでには、時間がかかる。

逆に「中高時代の先生に褒められた一言で、この道に進みました」と言う方にお会いすると、こちらまでうれしくなる。

「生徒は教師の鏡」

中高の教師時代に、こんなことがあった。

廊下で、ＰＴＡの役員のお母さんとすれ違った。

私はお母さんに「いつもご協力ありがとうございます。息子さんは、ニコニコして良いですね」と言った。すると、お母さんが、「それは、先生がいつも息子に微笑んでくれるからです。息子が言っていました」と返してくださる。

驚いてしまった。生徒は、私の笑顔に微笑みを返してくれていたのである。生徒や保護者の方から、学んだことである。

調子の良い時は、もちろん自然に笑顔が出る。逆に、個人的な理由でつらい時は、意識して生徒に微笑んでいた。

それでも、生徒は教師の変化を見抜く。教師の「今」に気がつく。

「教師は生徒の鏡」なのはもちろん、「生徒は教師の鏡」である。生徒にイライラを向けている時があるかもしれない、と自らを戒めた。

生徒だけでなく、すべて他人は自分の鏡なのかもしれない。

鳥の目と虫の目

鳥の目と虫の目――。児童、生徒を前にする教師には、この二つの目が必要に思える。森（全体）を見る目と木（個）を見る目の両方である。そして、「関係性」の中で児童生徒を理解する。

以前、ある大学の入試課長さんと話していたら、入学金を払えないための辞退者が数人出ていると、経済状況の厳しさを語っていた。

また、ある中学校のカウンセラーと話した時、「生徒の悩み相談で何が多いですか」と聞いた。すると、「家庭問題や友人関係」だという。父親の失職と同時に学校に来なくなった生徒もいるとのことだった。

思春期は、微妙で傷つきやすい。児童、生徒は、家族の悩みも共に背負っている。

現場の教師が、悩んでいる生徒に何ができるか。私は、以下の四点だと思っている。

・学校に来れば楽しいという、成長が実感できる学びの内容や居場所作りをする。
・生徒に添う。生徒の悩みを〈聞く〉。悩みを、問題としてマイナスに考えるのではなく、成長のための課題として考える。より良い関係の再創造の過程として見る。
・システム的に考える。生徒個人の問題としてだけではなく、家族や学校の新しい人間関係構築の課題として全体的に理解する。
・例えば、不登校の場合。〈籠り〉を、否定的だけでなく、肯定的意味も含めて捉えてその子が抱える課題を共に考える。

逆説と内省

人生は、つくづく「逆説的」である。それが「生きることの味わい」にも思える。「壊すは創る」「失えば得る」「放てば満つ」「別れは出会い」「死と再生」「陰が光に」。痛みと共に「しがみついていた古い価値観」を手放せば、「新しい自分」が生まれてくる。常に「古い自分」から脱皮を続ける。

再生は、痛みをともなう。個人も、家族も同じである。創造の「創」は、「きず」の意味がある。それぞれの課題の場に共にいると、どこかに微かな可能性、いわば「光」を感じることがある。その光を感じられるかどうか――。それが、とても大切だと思っている。子供の、いわゆる「問題」から、家族の課題と向き合い、新しい関係が生まれる場合がある。家族の再生に、その「悩み」が必要だったと思える時があるのだ。

教師には、どんな力が必要だろうか。時々、振り返りながら思う。

・教科指導力（自らが向上心を持ち、わかりやすく生徒に教える力）

・関係構築能力（生徒や保護者、同僚とのコミュニケーション能力。「他者から学ぶ力」）
・しなやかな心と身体（心の柔軟性と健康な身体）

今は、この三点を基盤にさらに「内省力」が大切だと思っている。内省力とは、自己を振り返り、新しい経験に開かれていること。

そして、人生には「陰が光に」変わると思える自己肯定感もまた必要である。自己肯定感は、生徒の良い点（芽）を見つける眼につながる。

まず「自分」である。

過去の自分と出会う

教育実習生の指導で、学校現場を訪ねることがある。

小学校の教室で、授業中に落ち着かない子供がいる。そんな様子を見て、ふと、自分の小学校の頃が思い出された。

小学校の四、五年の頃、通知表に「落ち着きがない」と書かれていると母から聞かされた。そういえば、おしゃべりが多かったのである。廊下に立たされたことも思い出された。

ずっと忘れていたことである。

教室で、自分と会っている。


仕事に就いてからは、話せない自分に悩んだ。教師は、たくさんの人の前で話す仕事である。新任の頃は、困った。特に、保護者会での話が苦手だった。そのため、話し方教室に通ったこともある。

それなのに、今では、あまり抵抗がなくなった。話すことが楽しいと思うのだから、不思議なものである。

中高の教員時代は、保護者の方や担任から、話せない子供たちの相談を受けることも多かった。

そんな時、私は、過去の自分と出会っているのである。

――得手に帆を揚げる

「得手」とは、最も得意とすること。追い風に帆を揚げるように、得意とすることを発揮して進むこと。好きなことなら、何時間やっても平気なところがある。

自分の「得手」を大切にしたい。やっていて、楽しい感覚――その感覚を育てたい。子供たちにも、好きなものを育ててほしい。他と比較できない、自分の感覚を大事にしながら。

紆余曲折はあったとしても、私は「今」が一番楽しいと思う。それは、子供たちの側にいて、先生たちとの関係を眺めている時である。

定年退職後の今も、教育実習の指導で、学校現場に行く。やはり、現場は楽しい。そして、学生に話そうと「教育十話」(5)を書いていたら、次の十話も書いてしまった。そして、補遺も書いている。好きなこと、悩みながら学んだことは実体験として書けるのである。

いただいたものは、どこかでお返しして帰る。そんな仕事を、今、させていただいている。

私の中の大きな学校

「小さな学校」だが、私の中で、とても大きな存在である学校が三つある。

まず、教員になったばかりの頃に見学した、東京都町田市にある「日本聾話《ろうわ》学校」。

そこで、校長の安積力也先生にお会いし、子供たち一人一人の「可能性」を伸ばすという教育の原点を学んだ。

次に、心の優しさとしなやかさを感じさせてくれる、宮城まり子さんが(6)設立した、静岡県掛川市にある「ねむの木学園」。

学園の子供たちが描いた絵のカレンダーを、我家でも飾ってある。カレンダーに添えられた、宮城さんの言葉もあたたかい。まずは一人の「志」からだと、あらためて考えさせられる。

宮城さんは、2020年3月、惜しくもお亡くなりになった。

最後は、京都市山科区にある「燈影学園一燈園小中高等学校」である。

以前、私は中学時代に愛読した倉田百三の『出家とその弟子』に導かれ、京都山科の「一燈園」を訪ねたことがある。百三は、一燈園での修行経験をもとに、この小説を著した。

そこには、百三が寝起きしていた小さな家が残されていた。静かな祈りの空間であった。

校長の相大二郎先生が、案内してくださった。相先生は、一時間、ゆっくりと学園の中を歩きながら、一燈園の創始者である西田天香さんのことを話してくださった。

相先生のお父さん(武次郎)は、私の勤務している東洋大学の卒業生でもあった。

相先生の『いのちって何』(PHP研究所)は、「命の教育」と「内省力」の大切さを教えてくれる良書である。

一燈園小中高等学校は、「命の教育」、「内省力」を育てる教育をされている学校である。

学校は子供たちの可能性を伸ばす場所である。

私は、「情緒」と「内省力」が、今の教育には必要だと思っている。

これら三つの小さい学校は、私の原点にずっとある「大きな学校」である。

学校の個性、学校文化

「学校文化」という言葉がある。色々な学校を訪ねると、それぞれの学校の個性が、教室や廊下の掲示物に現れている。

学校やクラス、各自の目標。廊下に掲示された絵につけられた、担任の先生からの赤字のコメント。それぞれの良さについて記されている。

授業では、先生が、先に終わった子、遅れている子の両方に声をかけていた。

学校見学は、私にとっても学び直しである。

退職して後進の指導をされている教育委員会の先生とお話しした。

「教育学部を出ても、教員にならない人がいる。こんなにもやりがいのある仕事を、若い人にもっと志してほしい」と。

しみじみと話してくださった。同感である。

――人は一艘の舟、学校は港である

私が好きな作家の一人、『アルケミスト』の著者であるパウロコエーリョが、「船は港にいる時、最も安全であるが、それは船が作られた目的ではない」と書いている。

人は、一艘の舟なのかもしれない。

そして、「学校」という場は、「港」のようなものかもしれない。

「学校」は、生徒や教師にとって、人生の一つの「舞台」であり、「港」でもある。

生徒は、失敗や挫折を経験しながら、立ち直り方を覚えていく。人間形成の土台を形成し、心の「しなやかさ」を身につけていく。転ばなければ、「しなやかさ」も身につかない。

「思春期」は悩み揺れるのが当たり前。安心して悩める場所が「学校」である。悩みや揺れは、成長のために必要であり、大切な課題である。

生徒は「学校」からやがて大海原に出航する。それぞれが進むために、港から別れねばならぬ。

「学校」は、出会いと別れの交錯する場である。

人は何度でもリセットできる

不登校だった生徒が、学校に来るようになり、学校を辞めたいと言っていた成績不振の生徒が、気持ちを切り替えて学年のトップクラスになる。

学校では色々なドラマが繰り返される。教師も自分の力不足に悩んだりしながら……である。

生徒は安心できる「人間関係」に支えられて伸びる。

人は何度でもリセットできる。

（1）中野孝次（なかのこうじ　1925〜2004年）千葉県生まれ、作家、ドイツ文学者、評論家。國學院大学教授。『清貧の思想』『ハラスのいた日々』などの著書がある。

（2）茨木のり子（いばらぎのりこ　1926〜2006年）大阪府生まれ、詩人、作家。詩集に、『見えない配達夫』『自分の感受性くらい』など多数。

（3）山本安英（やまもとやすえ　1902〜1993年）東京都生まれ、女優。1949年から1986年までの三十七年間、木下順二の戯曲『夕鶴』の「つう」を演じ続ける。

（4）武原はん（たけはらはん　1903〜1998年）舞踊家。徳島県生まれ、上方舞を修行する。結婚した青山二郎を通じ、小林秀雄、中原中也、宇野千代らと親交を持つ。

（5）教育十話　著者が、体験をもとに随筆十編をまとめ、教師を目指す学生向けの授業で配布している小冊子。本書ではその中から、「教師に必要な力」（序章P20）、「魅力ある先生とは」（第二章P50）、「失敗から学ぶ」（第二章P57）、「鳥の目と虫の目」（第二章P61）、「教育は『共育』」（第三章P75）などを収録している。

（6）宮城まり子（みやぎまりこ　1927〜2020年）歌手、女優を経て、1968年、日本初の民間社会福祉施設「ねむの木学園」を設立。同学園の理事長などを務めた。

第三章★共に育つ——子供と親と教師と

教育は「共育」

子供と親、生徒と教師。それは一方的な関係ではない。親は子供から、教師は生徒からも学ぶ。柔軟に――。

教育は、「共育」の関係性の中に成り立つのかもしれない。「上手は下手の手本。下手は上手の手本」という言葉があるように――。

つまずいている子供の姿から、逆に生きる上で大切なことに気づくことがある。つまずいている子供に、じっくり付き合う。「共ぶれ」、つまり共に揺れる。もしかして、大人の自分が、人生の大切な成長課題を先送りしてきたのかもしれない。

選ぶことは喜びである

「選ぶことの連続が人生」と、作家の五木寛之さんは書いている（五木寛之『選ぶ力』）。

子供に添うとは、子供から選ぶ喜びを奪わないことかもしれない。

自分で考え、選ぶことは喜びである。たとえ小さな発見でも、自分で見つけることは嬉しい。

私は、日本画家の小林古径[1]の絵が好きである。その「画品と線描の美しさ」に惹きつけられる。

弟子である奥村土牛[2]に対する、古径の教え方が興味深い。

土牛の絵をじっと見て、後で数冊の画集を手渡す。具体的には教えず、自分で考えさせる。時間はかかるが、自分で答えを見つけさせるのだ。

この「教えない教育」（実は教えている）は、教える側の力量が問われる。

以前、あるお母さんから相談を受けた。話を聞いてみると、子供に対する考え方が、型通りできつく縛られている。自分の答えに子供を当て嵌めようとしすぎて、お母さんも苦しんでいる。

そのお母さんに、こんなことを話した。

「大人の考えが、必ずしも正しいとは限りませんよね。いくつかの選択肢を用意して子供に選ばせたらどうでしょうか。子供の考えを聞いて、その中から子供に自分で選ばせれば、子供の喜びになります」

親子関係の気づき

以前、「親子関係講座」のワークショップを催していたことがある。私は、参加してくださった方々に、必ず次のような話をした。

――人間関係に一つの答えはない。親子関係も失敗しながら、じっくり作りあげればいい。うまくいかないことも多いが、どこかで楽しみながら、時には自分なりの工夫をしながら――。

ワークショップは楽しいものである。お互いに、「気づき」を大切にしながら、次のような流れで進めていく。

1. お隣の方と二人組になり、「お子さんの良いと思われる点」を三点、お互いに話してもらう。

遠慮しないで「子供自慢」をしてほしいのだが、なかなかそうはいかない。「私、怒ってばかり。子供を褒めたことがない」と、戸惑うお母さんたち。

でも、ゆっくり考えていただくと、「そういえば小さい頃は……」と、皆さん次第に良い点を思い出すのだ。

「日頃から、お子さんの長所を見る目を育ててくださいね。そして、日常生活で、その『良いと感じる点』を言葉で伝えてほしいのです」

私は答えを受けて、お母さんたちにこうお願いする。時には、手紙やメモなどに記して渡した。

高校二年生の男子のお母さんが言った。

「うちの子は優しいんです。先日体調が悪い時に、病院に一緒についていってくれました」

ふと、その場に、あたたかな風が吹く。

2. お子さんの名前の由来を語ってもらう。

お母さんたちは、子供が生まれた時の、自分の親としての「願い」を思い出す。あるいは、海や山、星を好きだったことから、名前をつけたことを思い出す。そんな時のお母さんたちは、みな優しく微笑んでいる。すると自分にも優しくなる。

私は、「何かの折に、お子さんに名前の由来を伝えてください」と話す。

3．「ダメ、ダメ」を後にして、「ふーん、もう少し詳しく話して」と聞いてみる。

大人は、すぐに「そんなこと無理。できない、ダメよ」と言いがちだ。しかし、少しだけ待ってあげてほしい。結論の前に、相手の「思い」のところに共にいてあげるのだ。聞いてもらえば、子供は、自分の考えを育てていく。子供の成長の芽を、早く摘まないでほしい。そういう私も、教師として、親として、「待てない」ゆえの失敗が多かった。

4．大切なことは、「自分」からすること。

「勉強しなさい」「本を読みなさい」と、子供に言葉だけで言っても伝わらない。やはり、自分自身が楽しそうに夢中になっている姿を見て、子供は真似るのだ。「急がば回れ」である。子供の教育は、「自分育て」から始まる。

大切なことは、ゆっくり時間をかけること。じっくりと待つことである。何度も失敗しながら——。待つことも、教育なのである。

自尊感情を育てる

高校生と面接をしていると、自分の短所はすぐに出てきても、長所がなかなか出てこないことが多い。そこで、「小中時代に褒められた経験はないか」と聞いてみる。すると、「あまり褒められた記憶がない」と言う。これでは彼らに自尊感情は育まれない。自尊、つまり自らを尊ぶ感情は、自分を大事にすることにもつながる。

どうしたら、自尊感情は育まれるだろうか。

私は、以下のことが大切だと思っている。

・自己概念をゆるやかにし、自分を決めつけすぎない
・新しい経験や体験をおそれない
・物差しをいくつも持つ

保護者の方にも、「色々な物差しを持ちましょう」と話す。一つでは、その物差しで測られる子供たちが不自由である。「良い悪い」の一色の物差しだけでなく見てあげましょう、というこ

とだ。もちろん、「子供たちをゆるやかに見るために、自分自身もゆるやかに見てあげてください」と付け加える。

自分の中にあるさまざまな色合いに気がつかないと、子供のそれにも気がつかない。

教師も同じである。生徒を「一色の物差し」で見てしまう危険性がある。生徒が日々成長しているように、教師も日々自分の内面を耕さねばならない。毎日、生徒の前に立ち自分をさらしている仕事だから——。

無理にきれいに上手に見せる必要はない。教師も人間である。

画家の熊谷守一さん(3)が著書『へたも絵のうち』(平凡社)で書いている。

「下手な人は下手な絵を」描いていく。そして「自分を出して自分を生か」していく。

——子供たちの才能はさまざまである

子供たちの才能はさまざまである。教師は、いくつもの「物差し」を持っていたい。

ハーバード大学のハワード・ガードナー教授の研究に、多重知能理論(Multiple Intelligence Theory)

がある。人には、それぞれに得意分野があり、個性に適したアプローチで学習をすると、人はその才能を大幅に伸ばすことができるという。ガードナー教授は「8つの知能」として提示している。

1. 言語・語学的知能
2. 論理・数学的知能
3. 視覚・空間的知能
4. 音楽・リズム的知能
5. 身体・運動的知能
6. 対人的知能
7. 内省的知能
8. 博物的知能

能力は多様である。それぞれの「得意」を開花させていけばいい。

道は近きにあり

「道在近」（道は近きにあり）という言葉がある。「自分を育てる道は、今ここにある。そこを精一杯に生きる」と、私なりに味わっている。どう生きるかの答えは、自分の中にあり、自分に聞いてみる。

思春期の生徒（中高生）と接していた頃、色々なことに出会った。生徒は、大きな心の揺れを体験しながら生きている。そして、悩みながら成長していく。教員は伴走者のように、その場に立ち会う。

もう二十年近く前のこと、高校の進級会議の前日、心配のあまり登校せずに、一日中、山手線を回っていた生徒がいた。結果として、進級したのだが。

また、なんとなく、新宿駅から祖父母のいる長野へ行く電車に乗った生徒もいた。夏休みに訪ねた祖父母のことを思い出したというのである。

生徒は、以前と比べて外見的には変化しているように思うが、心の揺れは昔も今も同じである。やわらかで、傷つきやすい。

同時に、「立ち直りが早い」生徒もいる。

ある時、担任の先生に依頼されて、高一の男子生徒とお母さんに会った。試験直前なのに、学校に二週間来ておらず、困っていると言う。

私は、生徒に、食事、睡眠、友人関係、家庭での様子などを細かく聞いた。本人は、「ある日なんとなく学校に行きづらくなり、家や公園にいた」と言う。「他の人が自分のことをどう思っているのか気になって仕方がない」とも言った。

担任から聞いていた、それまでの一学期の成績と欠席日数に問題はない。

私は「大人の私でも、時には仕事を休みたくなる時があるよ。君が特別だったり、病気なのではない」「公園では楽しかった？」「家ではどんなことをしていたの？」と聞いてみた。すると、「家でも、公園でもつまらなかった」と答えてくれた。

生徒も時には学校を休みたい時もあるだろう。

私は「あと、どれくらい休みたいかな」と聞いた。

生徒は、考えて、「あと、一日か二日ぐらい休みたい」と返ってきた。面談中、私は、ほとんどお母さんと話すことはなかった。

結果は、生徒は二日後、試験の前日に登校した。彼が言ったとおりに、自分で決めたのである。

「学校」には、さまざまな心のドラマがある。そして、教師も生徒と共に成長していく。

――平凡な日々などはなく

枝豆や平凡な日々などはなく　星野高士(4)

毎日、同じような日はない。

仕事を終えて職員室を出る時、同僚に「今日も終了。毎日、色々なことがあるね」と話す。疲れてはいるが、充実した感覚である。生徒と教師、教師と教師、教師と保護者の方。小さな人間ドラマを、いくつも見るような毎日。

学校は、生徒や教師、それに保護者の方との交差点。そして、舞台である。

中心は、もちろん生徒。成長のドラマの主人公である。

生きることは悩むこと。教師は、同伴者として、それに付き合う、同じ舞台の登場人物。

保護者の方は、生徒や学校の応援団。三者が揃って、三年間のドラマが始まる。生徒にとってかけがえのない舞台である。

そこに、教師という仕事の素晴らしさと楽しさがある。

「落花流水」——花が咲くのを待ち、咲いた花を楽しむ。そして、散る花びらの美しさに酔う。桜は人生に似ている。出会いと別れで織り成される人生に……。

古い俚謡に、

「咲いた桜になぜ駒つなぐ、駒がいさめば花が散る」という一節がある。

桜が散り、静かな心が乱れる。それも、春の風情。

花のような言葉

こころに咲いている花のような言葉がある。

高校時代、授業の課題で、与謝野晶子や斎藤茂吉について調べてノートを提出した。恩師の国語教師が、そのノートに「褒努力」と書いて戻してくれた。思えば、たった三文字の言葉が、その後の私の歩みに大きな力になった。その時の大学ノートは、今もある。

また、黒板に「格物致知」と書いて説明してくれた。

先生の授業の中で、湯川秀樹の自伝である『旅人』や、三好達治の詩とも出会った。

私は先生の授業を待ち遠しく思ったものである。


良き出会いだった。

その先生は、国語教師だが、大学の心理学科のご卒業だった。

私もまた恩師と同じ道を歩いているのだから、人は不思議である。言葉には力がある。

言葉を変換する

「積極的な言葉を出せ」。静岡県のある商業高校を見学した時に、教室の掲示物にこうあった。

担任教師の熱い思いであろう。自らの言葉に自覚的であることは、とても大切であろう。その学校は、地元企業と連携してユニークな授業を実践している。

否定的なものを単純に肯定的に変えているだけではない。

「あぁくたびれた」は、「よくがんばった」と言葉を自分なりに変換している。パソコンで文字変換するように――。楽しんでみる。

「否定的な言葉ばかり口にしていると自己暗示にかかる」、「毎日出す言葉がその人の性格、行動、運命を変える」とは、そのとおりであろう。

花が前に向いて光の方向に咲くように、肯定的に生きたい。たった一度の人生だから。悩みながら、逞しく。

生徒のことを楽しそうに語る先生の笑顔が、輝いていた。やはり、教育は生徒と共に夢や希望を語る仕事である。

橋を架ける

以前、心理学者の河合隼雄先生の本で「真面目も休み休み言え」という言葉と出会った。その時は、「真面目」を一面的で否定的に受け取っていた。

「真面目だけではダメだ、もっと幅を持って考えねば。不真面目を楽しむぐらいでなければ。もっと『遊び』こそが必要だ」と考えていたのだ。

しかし、「関係論」として考えた時に、河合先生の言葉は次のようにも味わえる。

真面目は真面目で良い。しかし、相手の理解、受け取り方に合わせて「休み休み言う」。つまり、「正論」も、相手の状況に応じた話し方が必要だと——。

ゆっくり時間をとる。相手に添いながら、伝える。親から子に、教師から生徒に。

特に、教師は一方的に「正論」を生徒に押しつけがちである。そして、教師の前で生徒は形式的に「わかりました」と返事をする。教師の言葉は生徒に届いていない。

「人と人」、「現在と未来の自分」との間には、「川」が流れていると思う。そこに「橋」を架ける。何度も何度も、「橋」を架けようと試みる。そして、「橋」が架かった時には、その下に激流が流れても大丈夫となっている。親子でも、教師と生徒でも、その時「橋」は「絆」や「信頼」になっている。

教師は、「橋」の架け方を、もっともっと工夫しなければならない。

子供たちから生きるヒントを学ぶ

教師という仕事は、自分の「生きるヒント」を子供たちから学べる。子供たちと共に成長する仕事だと感じる。

以前、系列の幼稚園長を兼務していた時に出会った、二人の園児のことが思い出される。

一人は、男の子。夏休み明け、園門で一番に待っていた。私が門を開けると、ニコニコ笑顔で「楽しみだな」と、元気な声。素直な第一声に、こちらもうれしくなった。

この子のように、日々をワクワクしながら生きているだろうか、と自分を振り返る。いつも、楽しいことを探しながら。「楽しみだな。今日は」という風に。

もう一人は、女の子。私がお昼休みに園庭に出ると、駆け寄ってきて四つ葉のクローバーを「園長先生、あげる」と差し出す。「どこにあったの」と聞くと、滑り台の方を指した。後で行ってみると、滑り台の後ろの塀の下に咲いている。普段、気がつかない場所だ。

この子のように、普段見過ごしているものや、小さなものの中にも、美しいものを見つける目を持ちたい。幸せを感じる柔らかな心を――。

二人の園児から、私は学んだ。

楽しみは、毎日いっぱいある。

「潜行密用」

以前勤務していた東洋大学京北中学高等学校は、1899年10月18日、明治の哲学者井上円了先生によって創立された。当時は、京北尋常中学校という校名だった。円了先生は、東洋大学の創立者でもある。

円了先生は、新潟県の浄土真宗のお寺の生まれ。行動的実践家であり、「活学」の人である。社会活動を重視され、全国津々浦々を巡講し、地方のお寺に泊まり、本堂で講演をした。学問が、社会貢献につながることを大事にされた。学校を創り、そのような人材を育てたかったのだ。

東洋大学には、社会貢献センターがある。同センター所属の森田明美先生は、学生と共に東北の被災地で、子供たちのために学習スペースを作られた。震災で親や家をなくし、学ぶことのできない困難な状況下の子供たちも多い。

主体は地域の人たちだが、そこに東洋大の学生が入り、子供たちの学習支援をする活動となった。

森田先生は、心の支援として、子供たちに「大人たちはあなた方を見捨てない」「良い大人がいる」というメッセージを伝えたいと語る。

「潜行密用」という、仏教の言葉がある。

人の目立たないところで、社会のために精一杯働く。


潜行密用は、愚の如く魯の如し、ただ能く相続するを、主中の主と名づく（『寶鏡三昧』）

円了先生の志を、学生たちは引き継いでいる。

「そりゃいいね」――進歩は楽観主義から

長い教員生活において、西堀栄三郎先生[5]の著作から影響を受けた。特に、『石橋を叩けば渡れない』（生産性出版）や『ものづくり道』（WAC）という本には幾度も励まされた。

西堀先生は、伝説の技術者であるが、登山家・探検家としても知られている。第一次南極観測越冬隊長である。

私が西堀先生の考え方に魅力を感じたのは、次の三点である。

進歩は楽観主義から

どうしても、前例主義で過去に縛られがちになった時に、新しい提案に対して、西堀先生の「そりゃいいね」という口ぐせを思い出す。まず、やってみよう。失敗したら、そこから工夫していく。創造の芽を潰さない。

そういえば、以前懇親会の席で、心理学者の佐治守夫先生[6]から、「あなたは、なんのためにカウンセリングを学んでいるの」と聞かれたことがある。私は「生徒との関係を、少しでも良くしたいと思ったからです」と答えた。すると、佐治先生は、「そりゃいい」と強く一言。背中を押された気がして嬉しかった。

異質の協力

西堀先生は、南極越冬隊を構成する際に、できるだけ異質な人たちを集めて組織したという。チームワークとは、異質な人間が協力した時に一番効果が出るという考えである。それぞれの違いを活かすということだ。

夢は持ち続ける

小学校の時から、西堀先生は南極に行きたかった。それから、南極の本を読み調べる。新聞に

「南」という文字があると、「南極」のことかとすぐに目がいったほどだ。また、仕事でアメリカに行くと、経験者から話を聞く。「南極」「南極」と周囲に話し、思い続ける。すると、第一次南極越冬隊が組織され、「隊長を誰にするか」という時、誰かが「西堀という男がいる」と言ったという。西堀先生が南極に行きたいと考え出してから、四十年以上後のことである。私は、この逸話が好きである。

人間と組織を考える上で、西堀先生の本は仕事の支えになってくれた。

言葉だけが「言葉」ではない

もう、十年ほど前になる。中高の教員をしていた時のこと。学外での「合同入試相談会」に相談員として行く機会が多かった。時には、入試から離れて、教育相談のような時間になる。

私の前に、ある中三の男子生徒とご両親の三人が座った。生徒は、まったく話さない。ご両親は、困っている様子で、その生徒の横顔を見る。

母親から、中二の時に「いじめ」られ、それから外ではほとんどしゃべらなくなったと説明があった。

私が質問しても、小さく「頷く」ばかり。私は、その生徒にこんなことを言った。

「世の中には、上手に、いっぱい話す人がいる。でも、その人は本当の自分の気持ちを言わないで、そこから逃げるように話している場合がある。言葉が溢《あふ》れているだけ。それに比べて君は自分に正直だ。

今は、まだ話せないかもしれない。自分のことを話し出すまでには、人それぞれ時間がかかる。君のペースでいい。

君は、学校に行っていない分、入試のために、二倍、三倍努力しているだろう。しかし、やがて他の人に追い付き、追い越すだろう」

それを聞いていた男の子の目から涙がポツリと出た。手で、その涙をぬぐっていた。

その子の、せいいっぱいの「言葉」だったのだ。「頷く」ことと、「涙」が。

教師は、色々な育ちの場に出会う。

（1）小林古径（こばやしこけい　1883〜1957年）　新潟県生まれ、日本画家。代表作『髪』は切手のデザインとなった。東京美術学校（現・東京芸術大学）教授を務める。

（2）奥村土牛（おくむらとぎゅう　1889〜1990年）　東京生まれ。日本画家。代表作『富士』は皇居に飾られている。

（3）熊谷守一（くまがいもりかず　1880〜1977年）　岐阜県生まれ。画家。豊島区にあった自宅の庭で自然と動物などを描き続けた。

（4）星野高士（ほしのたかし　1952年〜）　神奈川県生まれ、俳人。高浜虚子、星野天知の曾孫、星野立子の孫にあたる。鎌倉虚子立子記念館館長。

（5）西堀栄三郎（にしぼりえいざぶろう　1903〜1989年）　京都府生まれ。京都帝国大学理学部卒業、助教授を務めたあと東京電気（現・東芝）入社。第1次南極観測隊の越冬隊長や日本山岳会会長を務めた。

（6）佐治守夫（さじもりお　1924〜1996年）　山形県生まれ。東京大学文学部心理学科卒業、69年から同大教授、84年定年退官、名誉教授となる。ロジャーズが提唱したクライアント中心療法を導入した。

第四章★人の心組み——詩とともに

他人は自分の鏡

朝、起き抜けに、お世話になった方への感謝の気持ちが浮かぶ。すると、心に化学反応が起こるように、優しい気持ちになる。水が流れるように……。

感謝は、一番のストレス対応かもしれない。

他人(ひと)は、自分の鏡。相手への思いは、自分に返ってくる。そこが、良くも悪くも難しい。こちらの心の問題。揺れながら生きる。

自分と出会う

人は、出会いに生かされている。自然の運行の中で、人と人が出会う。姑息な気持ちでは、人は出会えない。切に求めながら歩く。

人は人から受けた「恩」を次につなぐ。親から子に、また他者との出会いの中で――。あの時にあの人に出会ったから、今の自分がある。

人生は「学校」である。先師先人からのバトンをつなぐ。「一語」を受け継ぐ。「志」こそ、闇夜にともる灯り。焦らずに、出会いの風の中を行く。

語らねば風が入らない。語らねば自分が見えない。新しい自分が生まれるために語らねば。何度も何度も。

そして自分を放ち新しい言葉と巡り合う。人が人を選ぶように、一枚の絵や花が人を選び離さない。それも出会いである。

世界は広い。小さくしているのは自分。

露地を曲がると、小さな富士塚がある。そこに、帰宅途中のサラリーマンが手を合わせていた。気がつかない生活がある。

お寺の案内板に「信心」の文字。私は自分の心を信じたい。そのために自分と出会っている。

心を塗り潰さない

私は、感覚的な人間だと思う。以前は、失感情症のような苦しい時もあったのだが、長い人生のスパンで振り返ると、人は変化していく。人は、他人(ひと)に助けられて人として成長する。

五十代の忙しい時、回る輪の中を懸命に走り続けるネズミの夢を見た。夢は、自分の心の状態を教えてくれる。これではいけないと、意識して仕事を「減速」した。その頃から、寄り道が多くなった。

すると、半年後にまたネズミが夢に出てきた。ところが、今度は、輪も止まり、その外でネズミは横になって居眠り。気楽そう。自分で、笑ってしまった。こんなストレートなわかりやすい夢は、あまりない。

毎日は、風に吹かれて進む帆掛け船。風を帆にはらみながら。

自己コントロールが必要。一色に心を塗り潰さないように、自分と距離を持つ。

出会いの「学校」

出会いの「学校」は、いたるところにある。そこで、人は育っていく。

野々上慶一さん(1)の『高級な友情 小林秀雄と青山二郎』(小沢書店)を読みながら、そんな風に思えた。

「青山学院」は、青山二郎さん(2)を校長格にした人生道場的な「学校」だ。

小林秀雄、河上徹太郎、大岡昇平、井伏鱒二、永井龍男、中原中也、白洲正子らは、毎日のように青山二郎さんの自宅に集まる。誰ともなく、そこを「青山学院」と呼ぶようになったのだ。

作者の野々上慶一さんも「生徒」の一人であった。文圃堂という古書店と出版業を営んでいたが、青山さんに骨董屋歩きや、古陶漁りの旅行に連れて行かれる。そして、骨董買いの心得を学ぶ。

小林秀雄さんが、骨董いじりを始めたのも、青山さんに古美術商の「壺中居」に連れて行かれ、鉄砂で葱坊主を描いた李朝の壺を買ったことがきっかけだ。小林さんは、買ったばかりのロンヂン（高級輸入腕時計）と交換して持ち帰る。「狐がついた」と、自著「骨董」の中で書いている。

この仲間たちは、飲みながら、よく絡んでいる。「青山学院」は、絡み道場でもあった。中原中也さんも、その一人。気に入らない人がいると絡む。ただ、野々上さんによれば、中原さんは「すぐ喧嘩を吹っかけるくせに、腕力の弱いことでも定評」があったという。

また、井伏さんは小林さんからも、あまり絡まれなかったという。ここでも、井伏さんのスタイル、関係の取り方がわかって面白い。小林さんは井伏さんのことを「観音様の鳩ポッポみてえな野郎だ」と評した。絡みにくいのである。

河上さんは、自分も大岡も、「青山さんに育てられた」と記す。クローデルが、「ランボオが私を築いた」と書いているように——。

この本の面白さは、「青山学院」の仲間たちの交流が、数多くの具体的なエピソードから書かれていることである。

空の広さに憧れる

晴れし空仰《あふ》げばいつも口笛を吹きたくなりて吹きてあそびき　石川啄木

ある日、教員養成の仕事の関係で、小学校の授業見学をした。国語の授業で、教科書では、「短歌・俳句」の単元だった。みんなで、声を出して詠んでいた。

教科書冒頭にあったのは、啄木の「晴れし空」の歌。やはり、啄木は空を見上げることが好きなんだと嬉しくなった。

私が初めて啄木の短歌に出会ったのは、中学校の教科書だった。

不来方のお城の草に寝ころびて空に吸はれし十五の心

これも空を見上げる歌である。それから、ふと空を見上げる時に、この歌を思い出す。

啄木は、教室を抜けて不来方の城址に行って、寝ながら空を見た。そんな啄木の姿を思い浮かべた。教師に叱られる啄木。

そういえば、遠藤周作さんも旧制・灘中（現在の灘高）時代に、教室を抜け出し、映画館に入り浸っていたという。

連想を楽しんだ。人は、どこか「枠」から外れたくなるのかもしれない。空の広さに憧れる。

「お先にどうぞ」の心

競争に疲れた時、ふと「お先にどうぞ」と思う。自分なりのペースで歩く。そんなに急いで、どこに行こうとするのか。

私は、富安風生さん(3)の次の句が好きである。入学式の時に、よく生徒や保護者に話していた。

海に入ることを急がず春の川

共にゴールが同じならば、ゆっくりと流れて生きる。

人は自然の循環の中に生きている。春夏秋冬の循環の中に。それを忘れると、気がつけば心をどこかに置き忘れている。

以前、電車の中に鞄を忘れる夢を何度も見たことがある。鞄は、私の大切なものの象徴なのだろう。

夢は、必要だから何度も現れて教えてくれる。

自分にとって大切なものは何か。夢から、そんなことを考えた。

ハンゲショウ

ハンゲショウという名前の花がある。漢字で書けば、「半化粧」「半夏生」、また「片白草《かたしろぐさ》」とも呼ばれる。ハンゲショウの葉は、白く花のように変化する。

名前と同時に、私はその花に惹かれる。

私は、生きることは「変化」していくことだと思っている。枠に縛られたくない、自分らしく自由に生きたいと思っている。今も、より自由な心の世界を求めている。

教育は枠の強い仕事だが、生徒も自由を求めている。教師に柔軟性がないと、生徒の成長や夢を刈り取ってしまいかねない。

教師自身がのびのびと生きる。自分の心の自在さを大切にしながら。

——求めない——

求めない——
すると
自分のセンター（中心）が見えてくる

加島祥造(4)『求めない』より

良い悪いで決めつけた時、こぼれていくものがある。

仕事や日々の生活でうまくいかない時は、相手や過去のせいにしがちである。言いすぎた後で、どこか焦げた感情が残る。相手を良い悪いで截断した時、自分の心も焼け、切られているのかもしれない。

なぜなら、人の心は両者の間を揺れ動いているから。今まで、割り切れなさを抱えて生きて来たのに、それを忘れているからだ。

「答えは一つ」ではない。

「生きる」ことの面白さは、「○か×」で割り切れないこと。面白さは「間（あわい）」にこそあるのかもしれない。割り切れない、揺れる世界に。暗闇の中に揺れる、蝋燭の炎のように。光と闇の中に揺れながら、悩みながらの世界に。

ある時、相手や過去のせいにしないと心で決めてみる。すると、どこからか、心に「水」が流れ出す。心が、元に帰る。

加島さんの言う「センター」に触れるのかもしれない。

「センター」とは、何事にも揺れない心ではなく、揺れている心のままなのかもしれない。波に揺れる小舟のような心である。「ありのまま」とは、揺れながら悩みながら生きること。そして、そのままに受け止めること。

「私の生涯は極めて簡単なものであった。その前半は黒板を前にして坐した、その後半は黒板を後にして立った。黒板に向かって一回転をなしたと云へば、それで私の伝記は尽きるのである」

これは、西田幾多郎先生が京都大学を退官する時の心境を、『或る教授の退職の辞』という作品の中で記した言葉である。高校時代の私は、この言葉に心が震え、最終的に「教師」になろうと決めた。

そして、今、「第三の人生」にある私が、また、西田先生の言葉と出会っている。人生は、不思議である。

人は人　吾はわれ也　とにかくに 吾が行く道を　吾は行くなり

1934年、西田先生が六十四歳の元旦に詠まれた歌である。

変化と不変

紫陽花や昨日の誠今日の嘘　正岡子規

雨に濡れる庭の紫陽花。咲き始める気配。未知の世界に開かれていく美しさ。毎朝の楽しみである。

この紫陽花は、我家に遊びに来た卒業生のお土産である。今の家に住み始めた頃だから、三十年前のこと。毎年、元気に咲いている。

教師生活で、どんな思い出の品が残るかは、不思議なものである。

例えば、中高六年一貫の学校で、初めて中一の担任をした時のクラス写真。文化祭の時に撮ったものを部屋に飾っている。その中には、母校の教員、僧侶、写真家、パントマイマーから幇間になった者までさまざまである。

他には、幼稚園長として初めて卒園生を出した時にもらった、手作りの小さな写真集。

今の時期は、仕事帰りに職場近くの白山神社（文京区）に立ち寄る。ここの紫陽花は、とても見事である。白山《はくさん》神社は、加賀国の白山比咩《しろやまひめ》神社から勧請を受けて創建されたもの。白山の地名も、この神社に由来する。

紫陽花の花言葉には、変化と不変の両方の意味があるらしい。

変化は、移り気。不変は、変わりながらも常に美しさを求める粘り強さ。とらえ方もさまざまである。

人も、変化し成長しながら、美しく生きようとする。紫陽花は、人間的な花である。

心の貯金

大試験山の如《ごと》くに控へたり　高浜虚子

受験生にとっては、入試は「山」のように高く険しく感じるもの。

東京の多くの私立中学校は、2月1日に入試を行う。今はその仕事から離れているが、その前日からいつも雪の影響を心配していた。

無事に、試験が終わりますように。

心の「貯金」は、いつでも、どこでもできる。

「嬉しかった貯金」は「他の人に言われて嬉しかったこと」を手帳にメモすること。

それに「感動した貯金」も書き入れる。

「感動は心の扉をひらく」は、児童文学者・椋鳩十さん(5)の言葉。本や人を通しての、さまざまな出来事や「出会い」の感動をメモしている。

空に聞く

朝夕によく空を見上げ、空の変化を楽しむ。空も人の心のよう。

仏教学者の鈴木大拙さんに、(6)「山是山」の掛軸がある。ありのままの姿を現す、の意か。見ることも、そう〈ある〉ことも難しい。

「夕焼けを夕焼けそのままの美しさに。人を人そのものとして見る。ありのままに――」

心理学者カール・ロジャーズが来日した時、こう語ったという記事を読んだ。ロジャーズは相談者を中心に考えるという療法で、カウンセリングを革新した。彼もまた「ありのまま」を大事にしたのである。

津和野の森鷗外の墓石には、「森林太郎墓」とのみある。

鷗外は、ただ石見の国の人「森林太郎」として人生を閉じた。

その潔さ。何が必要で、何が必要でないか。

イメージで遊ぶ

以前、学校の保護者会の初めに、「イメージで遊ぶ」というアイスブレイキングをしていた。例えば、「思い出の美しい秋の風景」を、イメージしてもらう。今までに一番美しいと思った紅葉の風景を思い出し、小グループの中で共有する。

また、その時に誰と、どんな話をしたか。「そっと、その時に戻ってみてください」と、イメージで心を遊ばせる。

私の場合は、京都神護寺の紅葉と話していた。そして、明恵上人の栂尾高山寺を訪ねた、あの時に心が戻っていった。

寄り道を楽しむ

よく見れば薺《なずな》花さく垣根かな　松尾芭蕉

私の好きな芭蕉の句である。近くに春の訪れを感じる。足元にある幸せ。どんなところ、どんな時にも春の予感がある。

お急ぎの方は、お先に。これが、私の心のスタンスだ。低く弱く、ゆっくりと。

すると、ふと見えてくるものがある。

同じく、芭蕉の句。

おもしろや　ことしの春も　旅の空

私には、旅への憧れがある。だから、寄り道を楽しむのかもしれない。佇むことと、漂う旅心。今年も、寄り道人生を楽しもう。

マイナスがプラスに

「他人と過去は変えられない」と言う。過去の「事実」は変えられない。しかし、過去に対する自分の「思い（見方）」は変えられる。

人は、何度も「山」を越える。

生活指導上の処分を受けた生徒が、指導中の辛い期間の支えになったのは「家族」だったと話していた。家族の課題が、関係の再構築、すなわち家族の絆が強まるために必要だったと思えることがある。

マイナスがプラスに変わる。長い目で見ることの大切さを知りたい。

「思春期」は悩み揺れるのが当たり前だ。安心して悩める場所が「学校」なのである。悩みや揺れは、成長のために必要である。

私は「人は何度でもリセットできる」と思う。生徒から学んだことでもある。

学校を辞めたいと言っていた成績不振の生徒が、気持ちを切り替えて学年のトップになった。

不登校だった生徒が、学校に来るようになった。進路変更する生徒もいる。良いも悪いも、学校では色々なドラマが繰り返される。

「人は何度でもリセットできる」。ただ、安心できる「人間関係」に支えられていれば。

寅さんと山頭火

私の中で、寅さんと山頭火が結びつく。

寅さんは、山田洋次監督の映画『男はつらいよ』の主人公。

種田山頭火(7)は、生涯、さすらいながら自由律による俳句を生み出した。

うしろすがたのしぐれてゆくか

ひたすら歩き続ける山頭火。自己凝視の「眼」。

山頭火は、自分の愚かさや小ささを、山や海の一部のように詠う。

山頭火の背中に、彼の人生が写し出される。山や海が哭くように、背中が哭く。

そういえば、山頭火の物語を、脚本家の早坂暁さんがドラマ化している。NHKドラマスペシャル「山頭火 何でこんなに淋しい風ふく」(1989年)である。当初、渥美清さん主演で脚本は執筆されたが、渥美さんの体調が芳しくなくフランキー堺さんが演じた。

葛飾柴又に、「寅さん記念館」と「山田洋次ミュージアム」がある。その中に、寅さんの「背中」の写真が飾られてある。

この「背中」に、寅さんの世界が集約されているように思う。人間(ひと)の可笑しさと悲哀。かっこよさを気取っても、所詮愚かで小さな人間。しかし、愛すべき人間。「背中」が、語ってくれる。

そこに、山田洋次監督の「眼」を感じる。

寅さんの「背中」は、山田洋次監督の人間観を写している。弱さを抱えて生きる、愛すべき人間の存在。寅さんの生き方を描くことで、人間の普遍性を描く。小さくとも、愛すべき人間の姿を。

寅さんの背中と、山頭火の背中が私の中で重なっていく——。

また、館内に山田洋次監督の教師への思いが紹介されていた。

「学校や教師にとって都合のよい生徒を作るのが教育なのではない。子供を教え導くのではなく、子供によりそってやるのが教師の仕事ではないだろうか」

学校の主人公は、児童・生徒である。教え導くだけでなく、寄り添うことの大切さを、あらためて思う。

眼差しの優しさ

家庭や学校が、子供たちにとって安心できる「心の基地」になってほしい。

戻る場所がなく漂流する子供たちもいる。これは、人間関係全般にも言える傾向なのかもしれない。子供だけでなく、大人にも。

森類さんは、父親である森鷗外の「人間はなんでもない景色を見て楽しむことを知らなければいけない」という考えを『鷗外の子供たち』（ちくま文庫）で紹介している。

鷗外は、子供の類さんと一緒に、平凡な場所でもじっと眺めていたという。鷗外は、子供たちに寄り添っていた。

なんでもないことにも、子供のように、楽しみや喜びを感じる。そのような、「眼差しの優しさと柔らかさ」が大事なのであろう。

その眼差しを大人の私たちが持っていれば、子供たちは安心して家庭や学校を「心の基地」にできるのだろう。

たのしみは三人《みたり》の児どもすくすくと大きくなれる姿みる時　橘曙覧(8)

江戸幕末期の歌人、国学者の曙覧は、なんでもないものに楽しみを感じることのできる、「知足」の人であった。

眼差しの優しさを感じる。

（1）野々上慶一（ののがみけいいち　1909〜2004年）　山口県生まれ、文京区本郷に文圃堂を開き、古書店、出版業を営む。多くの作家たちと交流があった。

（2）青山二郎（あおやまじろう　1901〜1979年）　東京生まれ、美術評論家、骨董収集家。自宅に多くの文化人が集い、「青山学院」と称された。

（3）富安風生（とみやすふうせい　1885〜1979年）　愛知県生まれ、俳人。高浜虚子に師事。逓信省に勤務しながら句作を続けた。「ホトトギス」同人。

（4）加島祥造（かじましょうぞう　1923〜2015年）　東京生まれ、詩人、米文学研究家、翻訳家。文筆活動の他、絵画など幅広い創作活動を行った。

（5）椋鳩十（むくはとじゅう　1905〜1987年）　長野県生まれ、作家。動物文学、児童文学のジャンルで多数の作品を残した。『片耳の大鹿』『孤島の野犬』など。

（6）鈴木大拙（すずきだいせつ　1870〜1966年）　石川県生まれ、仏教学者。禅について英語で紹介し、世界にその思想を広めた。

（7）種田山頭火（たねださんとうか　1882〜1940年）　山口県生まれ、俳人。定型の五七五にとらわれない、自由律俳句の代表。生涯放浪しながら、多くの句を生み出した。

（8）橘曙覧（たちばなあけみ　1812〜1868年）　越前国（現福井県）生まれ、国学者、歌人。清貧の生活の中で、家族のあたたかさや何気ない日常生活を詠んだ。

第五章 ★ 本の世界へ旅する

「志」をつなぐリレー

信州・松本に、ヒマラヤ杉に囲まれた「あがたの森公園」がある。その中に、旧制松本高校校舎と記念館が建っている。

旧制松本高校は、北杜夫さんの『どくとるマンボウ青春記』の舞台である。公園からは、遥かに信州の山並みが見渡せる。

旧制高校は、自由な個性あふれる校風で、寮生活も学生自身の手で運営されていたという。そして、「自由」を愛し、「志」を高く掲げていた。

公園を歩きながら、旧制松高生が「志」を高く持てたのは、一つに、常に高い山を仰ぎ見ていたからではないかと思った。

自分を創る上で、「自然」でも「人」でも、仰ぎ見る存在が必要だと思う。人生は、良き人と出会い、先師先人の高い「志」をつなぐリレーなのかもしれない。

言の葉の世界へ

書かれた文字だけが本ではない。
日の光り、星の瞬き、鳥の声、
川の音だって、本なのだ。

私の大好きな、長田弘さんの「世界は一冊の本」という詩の一節である。もっともっと、本を読もう。

よく、自分に「三つの質問」をする。展覧会に行ったら、「この中で好きな作品を三つ選ぶとしたら」。また、「今まで見た風景で美しいと思ったものを三つ選ぶとしたら」、「自分の人生で影響を受けた三人の恩人とは」、というように。

そして、イメージで遊んだり会話したりする。

今朝は、自分に以下の「三つの質問」をした。
「好きな詩集は？」
――室生犀星『抒情小曲集』、黒田三郎『ひとりの女に』、中桐雅夫『会社の人事』
「好きな詩は？」
――宮沢賢治『永訣の朝』、高村光太郎『レモン哀歌』、黒田三郎『ひとりの女に』
「好きな詩人は？」
――長田弘、茨木のり子、黒田三郎

詩が好きになったのは、金沢での大学時代である。宮沢賢治の研究者だった教授に、「詩の良さがわからない」と正直に話したことがきっかけだった。教授に、「来週、また研究室に来てください」と言われた。翌週、研究室に行ってみると、五冊の本が用意されていた。何の説明もなく、「読んでみたら」と渡された。次の詩人たちの本である。
茨木のり子『言の葉さやげ』、石原吉郎『望郷と海』、石垣りん『ユーモアの鎖国』、中桐雅夫『会社の人事』、会田綱雄『伝説』
今となれば、素晴らしい選択だということがよくわかる。先に掲げた三冊は、詩人の随筆。後の二冊は詩集である。この五冊から、詩が生まれる裏側が、詩人の感性のやわらかさが、身近に感じられた。

直接、詩に向かうのではなく、随筆から……。教授は私に、詩への橋を架けてくれた。言の葉の世界へ。

教授は、宮沢賢治全集の編者でもあった。これも、私の大切な方との出会いの一つ。「師縁」である。

父親としての鷗外

森鷗外が1922年に没するまでの30年間を暮らした文京区千駄木の住居は、鷗外によって「観潮楼」と名付けられた。その跡地に、「文京区立森鷗外記念館」が建つ。

日本近代文学では、志賀直哉の場合のように「父と子の対立」が大きなテーマでもある。

しかし、父としての鷗外からは、文学者とは違う姿が見えてくる。

子供を膝の上にのせて、メルヘンを話す鷗外。子供のために、ドイツ語の手作り教材を作ったり、出張先から毎日のように葉書を書き送る鷗外——。それは、医師であり文学者である鷗外からは想像もつかない、やさしい父親の姿である。

「教育力」という視点で鷗外を見ると興味深い。

観潮楼には、さまざまな文学者が出入りした。斎藤茂吉は、鷗外文学を「師のごと親のごとく思う。北原白秋は、鷗外を「魂の父」と呼んでいる。

漱石の恋人

夏目漱石の『硝子戸の中』は、「自分以外にあまり関係のないつまらぬ事」を書くとした連作エッセイだ。1915年、「東京朝日新聞」に全39回連載した。亡くなる前年に、記憶の底に沈んでいる体験や回想に光をあてて書いている。

年末から風邪をひいてほとんど外出もせずに、座ったり寝たりの状況の中で、「私は今でも半信半疑の眼で凝《じっ》と自分の心を眺めている」と記す。

この書に、大塚楠緒子(1)のことが書かれている。歌人・小説家であり、漱石の恋人だったとの説がある女性だ。

初めて楠緒子を見かけた漱石は、「私の眼にはその白い顔が大変美しく映った。私は雨の中を歩きながら凝《じっ》とその人の姿に見惚れていた」と書いている。
楠緒子には、与謝野晶子の「君死にたまふこと勿《なか》れ」と並称される厭戦詩「お百度詣」がある。日露戦争に出征した夫を思う詩である。

ひとあし踏みて夫《つま》思ひ、
ふたあし国を思へども、
三足ふたゝび夫おもふ、
女心に咎ありや。

朝日に匂ふ日の本の
国は世界に唯一つ。
妻と呼ばれて契りてし、
人も此世に唯ひとり。

かくて御国と我夫と
いづれ重しととはれれば

たゞ答へずに泣かんのみ
お百度まうであゝ咎ありや
（『太陽・第11巻第1号』）

楠緒子は、三十五歳という若さで亡くなる。その死を知った漱石は手向けの句を詠んだ。

有る程の菊抛げ入れよ棺の中

実篤への旅

中高時代に読んだ思い出の一冊を挙げるとしたら、武者小路実篤の『友情』である。その一冊が、その後の私の人生に影響を与えた。

中学時代、友人から面白いと紹介された本は、学校から指定された夏の課題図書より先に、すぐに読んでしまったものだ。

『友情』も、そんな一冊だった。中三の時、下級生の女子生徒に勧められた。

『友情』を起点に、その後実篤の文学を読み始めた。『友情』『愛と死』『人生論』『武者小路実篤詩集』――。そして、倉田百三の『出家とその弟子』、志賀直哉『暗夜行路』と白樺派の文学に進んだ。

上京し、教員になってから埼玉県毛呂山にある「新しき村」や調布市仙川にある「武者小路実篤記念館」を訪ねた。記念館は、実篤が七十歳から九十歳まで住んだ地の隣に建てられた。後に、倉田百三が信仰生活を送ったという京都山科の一燈園も訪ねた。今も残る百三が寝起きしていた小さな家は、静かな祈りの空間であった。

一燈園中学高等学校長の相大二郎先生が、案内してくださった。相先生も私の師である。

三越劇場で観た、実篤原作の戯曲『馬鹿一の夢』は、宇野重吉さんの演技が素晴らしかった。実篤が誘ってくれた、これもまた「旅」である。

人生にも「不易流行」がある。中高時代の読書は、その「不易」の人間観に影響を与えてくれる。気づけば今でも、実篤や倉田百三の文学の周辺をウロウロしている自分がいる。

実篤に次のような詩がある。

桃栗三年柿八年
だるまは九年

俺は一生

人間は、一生、学び、成長を続ける存在なのだ。

実篤の文学の魅力は何か。それは、自分の可能性を最大限に開花させようとすることではないだろうか。おおらかな自尊感情。また、他人(ひと)を、そのままに認め尊重しようとする姿勢である。

君は君我は我也されど仲よき

さよならだけが人生だ

私は、福原麟太郎[2]の随筆が好きである。

中野好夫は、「日本では、文学といえば小説ということになっているらしいが、福原さんの随筆は立派な文学である。福原さんを英文学者だなんて簡単に言わぬがよい」と『福原麟太郎著作集』の書評で書いている。

福原は、1912年広島県の旧制福山中学校(誠之館)を卒業する。その年に、井伏鱒二が同中学校に入学している。二人は、先輩後輩の関係だ。

井伏の『厄除け詩集』には、初期詩篇や、「勧酒」「復愁」「静夜思」「田舎春望」といった、自在な漢詩訳などが収められている。

井伏の初期詩篇を読みながら、私は「故郷《ザイショ》」の文学だと思った。

村の暮らしを匂わせるのが、地に足のついた井伏の「眼」の魅力だ。そして、村の暮らしを、フランスの詩のように歌う。

例えば「歳末閑居」の一節。

ながい梯子を廂にかけ
拙者はのろのろと屋根にのぼる
冷たいが棟瓦にまたがると
こりや甚だ眺めがよい

また、「逸題」の一節には、こうある。

今宵は仲秋明月

初恋を偲ぶ夜
われら万障くりあはせ
よしの屋で独り酒をのむ

仲秋名月の日に初恋を偲ぶ。月は自分の心を照らしてくれる。ふと、初恋を偲ぶ。初恋を語るのは、照れ臭いもの。「初恋を偲ぶ」には「独り酒をのむ」のがいい。月の夜、心の海に舟を浮かべ。

訳詩では、次の訳が忘れられない。

勧酒　于武陵
勧君金屈卮
満酌不須辞
花発多風雨
人生足別離

コノサカヅキヲ受ケテクレ

ドウゾナミナミツガシテオクレ
ハナニアラシノタトエモアルゾ
「サヨナラ」ダケガ人生ダ

儚い人生だからこそ、井伏の訳が身にしみる。

この詩の後半、「花に嵐のたとえもあるぞ さよならだけが人生だ」という一節を愛したのが寺山修司である。

古い因襲と闘う時に、この詩を寺山は口ずさんだ。それは、さまざまな因襲との葛藤に対する「さよなら主義」であり、自らの処世訓とした。

そして、寺山は、「幸福が遠すぎたら」の詩の一節にこう書いた。

さよならだけが　人生ならば
また来る春は何だろう
はるかなはるかな地の果てに
咲いている野の百合何だろう

さよならだけが　人生ならば
めぐりあう日は何だろう
やさしいやさしい夕焼と
ふたりの愛はなんだろう

寺山は、「言葉を友人に持ちたい」と書いた。

今の私は、寺山の感覚が好きである。

「言葉」を生きる力に、「花」を「心友」として、日々の暮らしを楽しむ。「過去」は「今」に生き、「今」は「めぐりあう日」の希望と共にある。

良寛――愚の自覚と自在な精神

作家の中野孝次さんは、「良寛の思想は漢詩に直接にあらわれ、その感性は歌によくあらわれている」（『良寛に会う旅』春秋社）と記している。[3]
私にとって、良寛さんの魅力は何か。「愚」の自覚と、自在な精神である。心ののびやかさ、である。

頑《がん》愚《ぐ》信《まこと》に比なし　草木以て隣となす

自分ほどの愚か者はいない。なぜか、肩の力が抜けてくる。「愚」は、他者との比較ではない。「仏」を前にしての自己反省か。「草木 以て隣となす」。良寛さんは、自然を友として、親しみ学んでいたのかもしれない。身近な自然を友として――。

また、良寛さんの書を眺めていると、風になびく柳を思う。しなやかさと強さを合わせ持つ。そして、自在で、のびやかな世界を感じる。私は、ずっと、そんな世界に憧れ、うろうろと生きている。だから、心の自在さに心惹かれるのかもしれない。

良寛さんの「天地」という書。型にはまらない「のびやかさ」を感じる。「世界を小さくしているのは、お前ではないか」と語りかけてくる。

良寛さんの書は、水に書く文字。流れる涙のような美しさがある。やさしく心に流れ込む。肩肘張らない自然体。手足を天地いっぱいに伸ばしているのびやかさ。押しつけがない。

折に触れ、良寛さんの言葉と向き合っている。

以下、私の好きな歌を紹介したい。

世の中にまじらぬとにはあらねどもひとり遊びぞ我は勝れる

私は、毎朝、ひとり時間を楽しんでいる。仕事の上では人と人との関係性の大切さを学び、ひとりになって自分の心の世界で遊んでいる。

この里に手まりつきつつこどもらと遊ぶ春日は暮れずともよし

小さなものの中に大きな自然の運行を見る。自然の不思議に気がつくのは、子供たちの方が得意かもしれない。子供のように遊ぶ。

形見とて何か残さむ春は花山ほととぎす秋はもみぢ葉

この自然の美しさを遺品として残しておきたい。自然と自分（良寛）が一体になっている。良寛さんの言葉は、そっと語りかけるように、色々なことを教えてくれる。求めなくとも、すでに持っている。力が抜け、広い世界に、眼が開かれる。流れるように生きる。流れる雲のように。こだわりすぎて、自分が不自由にならないように。

すべては、流れていく。

霞たつながき春日をこどもらと手まりつきつゝこの日暮らしつ
こどもらと手たづさはりて春の野に若菜を摘めば楽しくあるかな
国上山松風すずし越え来ればほととぎすをちこちに鳴く
いざこゝにわが世は終へむあしひきの国上の山の森の下庵
こと足らぬ身とは思はじ柴の戸に月もありけり花もありけり
訪ふ人もなき山里にいほりしてひとり眺むる月ぞ隈《くま》なき

寄り道も小さな旅

私は、長田弘さんの詩集を最も多く読んでいる。

生きることの深い歓びや気づきを、やさしい言葉で語りかけてくれる。詩を読みながら、自分の感覚との新鮮な出会いを味わう。

長田さんは、「人生の材料」という詩の一節で

「感情は信じられないが感覚は裏切らないとおもう」

と書いている。私もそう感じ、生きている。感覚を頼りにしながら。
そして、長田さんは、私の「街歩き」「一人遊び」の師である。勝手に、私はそう思っている。
小さな旅だが、「日々の繰り返しから、自分を密かに切り抜いてみる」。また、「歩くことが、読むことなのだ。街を歩く。街を物語として読んでいる」と。
私も、歩きながら、時に、過去の出来事が思い浮かび、風に揺れながら新しい物語を作っている。「夢」が人生を導いてくれるように。

詩集『人生の特別な一瞬』(晶文社)では、またも素晴らしい言葉と出会った。

空気が碧い。まだ夏の喧騒のない、人のすくない浜辺には、独特の透き通った時間が流れている。(五月の海)

五月の浜辺の「空気が碧い」と。そんな長田さんの感覚に驚いた。別の詩でも、初夏の空気を「空気が水色に澄んでくる」と。

雨が降ってきた。空から、しっとりと、雨色の時間が降ってきた。(雨色の時間)

長田さんは、雨の日は「時間が、風景の中をゆっくりと流れる」と。
私は、室生犀星「雨の詩」を思い出した。

雨は愛のやうなものだ
それがひもすがら降り注いでゐた
人はこの雨を悲しさうに
すこしばかりの青もの畑を
次第に濡らしてゆくのを眺めてゐた
雨はいつもありのままの姿と
あれらの寂しい降りやうを
そのまま人の心にうつしてゐた
人人の優秀なたましひ等は
悲しさうに少しつかれて
いつまでも永い間うち沈んでゐた 永い間雨をしみじみと眺めてゐた

長田さんは書く。

「旅にはいろいろあるが、じぶんのためにしたい旅は、一人でする小さな旅だ」(不思議な時間)
私の寄り道も、「小さな旅」だと思っている。一人で、いつもと違う道を帰る。

ところで、この詩集に収められた詩「焼酎が好きなのは」で、長田さんの焼酎好きを知った。ロックでゆっくり飲むそうである。

「そっと、コップにくちづけるようにして啜る。すると、ずっと忘れていた風景を思いだす。焼酎はふしぎだ。遠い朧な記憶を澄んだ透明な時間にしてしまう」

焼酎を飲んで、長田さんのように「いい旅」をしたくなる。

花がつないだもの

学生時代、研究のために東京都目黒区にある日本近代文学館に通った。上京して教員生活をしながらも、近代文学館通いは続けた。

大変だったのは、加能作次郎[4]の出世作『世の中へ』(1941年)の雑誌初出と単行本との本文比較をした時である。しかし成果はあった。冒頭部分にある加筆で、作者の意図が鮮明になっていることがわかったのだ。

単行本にする際に、加能は京都の鴨川の洪水のシーンを加筆しているのである。主人公のこれからを暗示させている。ささやかな発見が嬉しかった。

調査当時、文学館に置かれていたのが『花々の詩歌』(日本近代文学館編、青土社)という本であった。文学館収蔵品の中から、花に関する作家たちの絵画や書を一冊の本に編んだアンソロジーである。

夏目漱石、芥川龍之介、与謝野晶子、永井荷風、竹久夢二、高村光太郎……。近代文学の作家たちの花への思いを集めている。

例えば、壺井栄[5]はタンポポの花が好きだった。

「どこに散っても必ずそこに根を下しかぢかまぬ姿で花を咲かせるたんぽぽ」と、タンポポの「がまんづよさとひなびた美しさ」を壺井さんは愛した。『二十四の瞳』の作者にふさわしい。

どこに置かれても、精一杯に自分の花を咲かせる。そこが真実の世界。どこに置かれても、置かれた場所で自分を生かすことか。

『花々の詩歌』には、歌人・永田和宏さん[6]の短歌も載っていた。

たつたひとり君だけが抜けし秋の日のコスモスに射すこの世の光

永田さんは、この歌を詠んだ年の夏に妻を亡くしている。

この歌に心惹かれて、永田さんの『たとへば君』（文藝春秋社）を読んだ。妻は、同じく歌人である河野裕子さん。(7) 二人の出会い、家族について、そして別れが、歌と文章で綴られている。

「たとへば君 ガサッと落葉すくふやうに私をさらつて行つてくれぬか」（河野、二十一歳。出会いの頃）

そして、「手をのべてあなたとあなたに触れたきに息が足りないこの世の息が」（河野、絶筆）。

永田さんの挽歌は、「女々しいかそれでもいいが石の下にきみを閉ぢこめるなんてできない」。

二人の出会いと別れが、一つの円環のように歌を通して編まれている。美しい恋歌であり、哀歌である。あたかも、二人の恋の出会いと別れの場に同席したような気持ちになった。

『花々の詩歌』から、『たとへば君』へ。

花がつないでくれた。

むずかしいことをやさしく

井上ひさしさんは、小説家であり、劇作家であり、放送作家であった。子供の頃、仙台の児童養護施設に預けられ、その施設から仙台一高に通う。前身の旧制仙台一中の初代の校長は大槻文彦先生。『言海』を編纂した国語学者である。

井上さんが、自らと本にまつわる物語として出版したのが『本の運命』という一冊だ。蔵書が13万冊にもなり図書館をつくるに至ったこと、蔵書第一号は宮沢賢治の『どんぐりと山猫』だったという話などが綴られる。

深刻な読書論ではなく、本と共に歩いてこられた井上さんの、思わず笑ってしまうエピソードがたくさん書かれている。

本書を読み、井上さんの父方の本家が日本酒「樽平」酒造（山形県川西町）であること、お父さんを五つの時に亡くされていることなども知った。

「本は人の運命も変えます」

井上さんが図書館で借りたのが『デイヴィッド・コッパフィールド』で、この本との出会いから、小説家になろうと決意する。

井上さんの本の読み方は、「とにかく面白いと思ったら赤鉛筆で、線を引く」、「目次を睨《にら》むべし」。また、戯曲は自分で配役を考えて読むという。

「いい本というのは寿命がとっても長い。繰り返し繰り返し、集められたり、散ったりしながら、そのたびにその人の文脈の中に組み込まれていく」

読みながら、井上さんの遺した言葉を思い出した。
「むずかしいことをやさしく、やさしいことをふかく、ふかいことをおもしろく、おもしろいことをまじめに、まじめなことをゆかいに、そしてゆかいなことはあくまでもゆかいに」

本書の解説は、出久根達郎さん。出久根さんの解説が、また面白い。読後、もっと本が読みたくなるから不思議である。井上さんの本に対する愛情が伝わって来たからであろう。

私の本棚★★★ブックレビュー

――子供への眼差し

★中川李枝子『子供は　みんな　問題児。』（新潮社）

「子供らしさ」を考えさせてくれる一冊である。中川李枝子さんは、『ぐりとぐら』シリーズの作者。十七年間、保母さんをされていた。

かつて、中川さんは、園長先生に、「子どもからもらえるものはもらっておいて、そして楽しまなきゃ」と言われる。「問題」の中でも、楽しむ目を持つ。

「問題」も、一つの「枠」なのかもしれない。見方を変えると、違った世界が現れてくる。

中川さんは、「生まれてどんな本に出会うかで、人間の運、不運というものはかなり左右されるのではないか」と書いている。

私も、「人」と「本」との出会いは、その人の人生を大きく変えてくれると思う。

★灰谷健次郎『子どもに教わったこと』（ＮＨＫライブラリー）

この本には、教師時代の灰谷さんが、盗みに関わった小学生と向き合う場面が書かれている。事実と向き合うことを求める難しさと、そんな小学生の側でじっと待つ優しさ。その両面を灰谷さんの姿から感じられる。

その小学生は、灰谷さんを前にして、詩に自分の内面を表現する。

灰谷さんは、教師人生の中で忘れられない「こどもに教わった」大きな出来事であったと記す。子供と向き合うことの、厳しさと重さを教えてくれる貴重な一冊だ。

私の、若き教師への推薦図書である。

「教師は生徒の鏡」はもちろんのこと、「生徒は教師の鏡」かもしれない。生徒がイライラしている時は、自分がイライラしている、と気がつくことがある。逆に生徒がニコニコしているのは、教師がニコニコしているからなのだ。

★おほ しんたろう『学校と先生』（ナナロク社）

作者の本名は於保紳太郎《おほしんたろう》さんで、芸人漫画家である。本書は、初めての全編描き下ろし漫画。

以前は、電車の中で漫画を読む大人が多かった。今は、スマホを使いゲームをしている。

先日、ガラガラの電車の中で、今回紹介の漫画『学校と先生』を読んだ。思わず笑ってしまった。

作者の「おほしんたろう」さんは、生徒の感覚に近いものを持っていること、何より学校が好きなんだろうと思った。

こんな風に眺めると、学校は不思議なワンダーランドに見える。

一人一人の生徒と先生は、ユニークで興味深い存在なのである。

今も、本当は、この漫画のように、個性的な生徒や先生がたくさんいる。

両者共に、のびのびと、その持ち味が出せないことが多いのかもしれない。

教師は生徒の鏡、同時に生徒は教師の鏡でもある。教師も、生徒からたくさんのことを学ぶ。相互の関係性の中に出会いと成長がある。

教師の目は二つ。しかし、四十人の生徒がいれば、八十の目があると言われる。それくらい、教師は生徒から見られている。

本書からも、それを痛感した。

教職希望の多くの学生が、教師を志した理由として、良き教師との出会いを話してくれる。人は、たくさんの良き人と出会い、自分を創り上げていく。

関係を育む教育は、私が教師をしていて一番大事にしていたこと。生徒と教師が良い関係であれば、生徒は学び伸びようとする。人を変えようと焦るより、関係性を耕すことが大事なのだ。

この漫画の人間関係には、良きゆとりがある。

★瀬尾まいこ『ありがとう、さようなら』(角川文庫)

瀬尾まいこさんは、大阪市生まれ。大谷女子大学文学部国文学科を卒業して、中学校で国語教師として勤務しながら、執筆活動を行っていた。本書は、自身の中学校勤務をもとにしたエッセイである。

教師志望の学生に、是非読んでほしいと思った。特に、中学教師を目指す人に勧めたい。何より、学校はワンダーランド。瀬尾さんは、生徒が好きでたまらないのだろう。当然、仕事だから苦しいこともあるが、それさえ、笑いに変えてしまう。人、子供、そして自分の、人としての「おかしみ」なのである。しなやかな心を育むためには、笑いが必要である。

読みながら、何度も笑った。そう、こんな生徒がいる。たしかに、いると。学校現場の生徒と教師が創りだすドラマである。現実も、日々、ドラマがある。学校は、台本のない劇場のようである。

『ありがとう、さようなら』の中から、特に印象に残った言葉を記す。

「学校というのは、ありがとうとさようならが目まぐるしく襲ってくる場です」
学校は、出会いと別れが交差する場である。私は、「港」のようなものだと思っている。

「とかく、中学生はチェックが厳しい」
たしかに生徒は、教師の服装をよく見ている。瀬尾さんは、生徒から服装のアドバイスをもらって「努力しよう」と決意する。そんなところが、瀬尾さんの魅力なのだと思う。

「中学生は想像以上にたくましい。不器用だったり、へたくそだったりするけど、生きる力を教えてやろうとする私たちの何倍も生きていく力がある」

生きる力を育むと言うけれど、現実の生徒はこちらよりも柔軟性やバイタリティがある。経験からの言葉である。

「だめな生徒なんて実際の学校の場にはいない」

これは、瀬尾さんが自らの教師経験から得た、貴重な思いである。どの子にも、それぞれの持ち味がある。

それを感じる感性が教師にあるかどうかである。

先達からの贈り物

★山本有三『米百俵』(新潮文庫)

「学校」の原点を考える上で、忘れられない作品である。

戊辰戦争の後、窮乏のどん底にある長岡藩。そこに見舞の米百俵が届く。その配分を待つ藩士に対し「米を売り学校を作る」という通達が届く。大参事小林虎三郎は「百俵の米も、食えばたちまちなくなるが、教育にあてれば明日の一万、百万俵になる」と話す。そして、長岡の坂之上町に、1887年6月、粗末な学校を建てる。それまでは、昌福寺という禅寺での授業だった。

やがて、それが長岡洋学校、長岡中学、長岡高校へと続いていく。

この本には書かれていないが、明治の哲学者、井上円了は長岡洋学校で学び、東京大学に進む。そして、1887年本郷の麟祥院という禅寺で「哲学館」を出発させた。哲学館は、のちの東洋大学となる。小林虎三郎の精神は、受け継がれていく。

小林虎三郎は佐久間象山門下で、吉田松陰（寅次郎）と並び称されるほど優秀で「二虎」と呼ばれていた。

目先のことにとらわれてばかりいてはいけない、今の傷みに耐えてこそ明日がある。

それが小林虎三郎の考え方である。

山本有三は、日頃から「人間を作ることより大切な事はない」と考えていた。小林虎三郎の考えに強く共鳴して、『米百俵』が書かれた。

学校が生まれる理由は、「明日のために人間を作る」こと。この作品は、その原点に立ち返らせてくれる。

★志村ふくみ『伝書　しむらのいろ』（求龍堂）

高校時代に、大岡信さんの文章から、染織家であり随筆家である志村ふくみさんを知った。それ以来の、志村ファンである。

志村ふくみさんの本からは、織物を織るように、言葉が丁寧に紡がれていく上質な感覚を覚える。

志村さんの織物は、近江の自然が奏でる音楽のような作品。現代の羽衣のよう。早春に、近江を旅したくなるから不思議である。

以前、志村さんの紬織の前に、長く立ち止まってしまった。立ち去り難かった。湖水の静けさ、深さ。光の反射を思った。湖水の音楽のような。

言葉は、人の心の花びらかもしれない。ならば、花びらの色の背後にあるものを感じたい。

志村さんは『一色一生』で、「色の背後」について、こう書いている。

「色はただの色ではなく、木の精なのです。色の背後に、一すじの道がかよっていて、そこから何かが匂い立ってくるのです」

人の言葉の背後にあるもの、そんな外からは見えないものを、見ようとする。それは、「感じる心」なのかもしれない。

『伝書　しむらのいろ』も、文章から、匂うような瑞々しさを感じる。志村さんの作品から受ける印象と同じ、自然の香りであろう。また、本書の志村さんの挿画も素敵である。

志村さんは、「織るという事――発想」で、次のように書いている。

「常に自分の中に生起する事象や現実の問題に反応し、感動したり悩んだり、躍動と失望をくりかえし、自分という塔の上に瑞々しい感覚を失わないように常にアンテナをはりめぐらせて反応することをこころがける。そこから伝わってくるインスピレーションを自分の内面に正確に取り込むことの修業が大事である」

私が大事にしたい、心のしなやかさを感じる。

染織を志す人だけでなく、いかにより良く自分らしく生きるかを願う人たちには、読んでほしい一冊である。

また、本書の「都機工房の仕事歴」では、志村さんと京の四季を旅しているようである。

「染織の仕事に最も大切であり、切実に影響するのは思索の時である」

志村さんは、「内省」の時を大事にされている。教師も「内省的実践家」であるべきと考えている私は、嬉しかった。

★小島寅雄『大愚　仏に向かう心』（春陽堂）

先日、谷中の古書店「鮫の歯」で出会った一冊。うろうろ歩いていると、〈本〉に出会う。人と同じように、本との出会いがあり、〈再会〉もある。

小島寅雄先生(8)のお名前が懐かしかった。小島先生は、教員生活を経て、鎌倉市教育長、鎌倉市長を歴任。全国良寛会会長でもあった。「大愚」とは、良寛さんの号である。

私は、三十代半ばから四十代の前半にかけて、カウンセリングを学び、仏教書をよく読んだ。そんな時に、小島先生の講演会で、良寛さんのお話を聞いた。小島先生は、風に吹かれるままに歩くような自然な洋服姿で、古くなった頭陀袋がお似合いだった。先生が得度されたのち、1995年頃のことだった。

「鮫の歯」で購った本を読みながら、また、小島先生とお会いした気持ちになった。

先生の子供時代のこと、教員時代の詩人百田宗治先生との出会い、新美南吉童話のこと、山頭火と良寛について、七十一歳で得度した時のこと、良寛さんとの出会い……。

「教育には感動は欠くことのできない重要な要素である」と小島先生は綴る。そして、今、感動する機会を教師が子供たちに与えていないと嘆く。

同じく小島先生の著書である『教えることは教わること—老教師の素敵な教育論』は、教師を志す人に是非読んでほしい一冊である。

★福田和也『人間の器量』(新潮新書)

福田和也さんは、文芸評論家で、慶應義塾大学教授。

なぜ日本人はかくも小粒になったのかと問いかけ、先達の器量に学ぶ人間論を展開している。

福田さんは、「今の世間は、高い、低いが人の価値尺度の基準になっている」が、「器量というのは水平に広がるもの」だと論ずる。

常に、「速く」「強く」「高く」が求められがちな現代では、それればかりだと疲れてしまう。私も、時には「ゆっくり」「弱く」「低く」の視点も必要だと思う。その両方の視点を往き来する方がいい。

だから、福田さんの「高い低い」ではなく、「水平に広がる」という器量の考え方を面白く感じた。

そして、福田さんは、「どうしたら器量の大きい人間が出来るのか」と問いかけ、「先人に学ぶ必要がある」とした。

私は、この点に深く共鳴する。今は、あまり伝記が読まれていないようだが、人が成長するには良きモデルを持つことが大事だ。

では学ぶべき先人は誰か。福田さんは、以下の七人を紹介している。

西郷隆盛の無私

横井小楠の豹変

伊藤博文の周到

原敬の反骨

松永安左衛門の強欲

山本周五郎の背水

田中角栄の人知

私は、この中で、特に周五郎の生き方に興味を持った。周五郎は、ほぼ生涯借家住まい、別荘も車も持たなかった。作家が原稿料を貯金したり、それで家を建てたりすることは、金を「私」することだという。私も大好きな代表作『日本婦道記』が直木賞候補になった時も、周五郎は辞退している。

そして、福田さんは、器量を大きくする次の五つの道を書いている。

1. 修行をする
2. 山っ気をもつ
3. ゆっくり進む
4. 何ももたない
5. 身を捧げる

「ゆっくり進む」の中で宮本常一を紹介している。その中で、宮本が父親から言われたステキな言葉が書かれている。

「先をいそぐことはない、あとからゆっくりついていけ、それでも人の見のこしたことは多く、やらねばならぬ仕事が一番多い」

それを受けて、福田さんは「急ぐということは、それだけ考えないということであり、見ないということでもある」と述べる。

私も同感である。ゆっくり、ゆっくりと進む。

――しなやかな心へ

★茂木健一郎・重松清『涙の理由』（宝島社）

脳科学者茂木健一郎さんと作家重松清さんの対談集である。

「自分にとって大事なものがそこにあるから、掴《つか》まえておきたいから、泣くのかな」茂木

「大人は泣くことでリセットされる」重松

本書で重松さんは、涙は「さんずい（水）に戻る」と書くと指摘している。泣くことは、本来の自分に戻ることなのかもしれない。

自らの感情に敏感でありたい。

私は映画を見てよく涙を流す。自分の生きたい方向性を感じるからであろう。

学校も、ある意味で「感情教育」の場である。中でも、読書指導や作文教育は大切である。

中高の教員時代、探究学習のテーマを決める時に、生徒に「最近、涙を流すくらいの感動をし

たことは」と聞いたことがある。

映画、小説、テレビドラマのシーンなら、どのような場面で、どんな人間関係だったのか。そこを話し合って掘り下げる。そして、何を求め、何を調べたいか、テーマ決めの糸口にした。

そこから、生徒自身が願っている「理想とする姿（こころの故郷）」が見えてくる。

★エバレット・ケネディ・ブラウン『失われゆく日本〜黒船時代の技法で撮る〜』（小学館）

作者は、フォトジャーナリスト。ＥＰＡ通信社の日本支局長後、幕末時代の写真技法である「湿板光画」で記録に取り組んでいる。

日本という国は、知れば知るほど、「開かずの間」が見えてくるという。

今の日本文化が「本流」から離れて「支流」に迷い込んでいる。「本流」に戻ること、過去を知らなければ、未来をデザインすることができない。

そのためには、「感覚」という羅針盤を信じること、特に「身体感覚」を取り戻すことが必要であり、「人を幸福にするのは、物質ではなく、感性だ」、「日本人の感性が鈍くなったのは、日本人の身体が鈍くなったからだ」と論ずる。

そして、縄文時代から脈々と続く日本の「精神性」と「身体感覚」を現代の日本人に伝える。

私も、「感覚」というもの、特に「身体感覚」は、教育現場でも失われて来ていると思う。

私は、生きる上で、心と身体のしなやかさが大事だと思っている。

教育者の国分一太郎さんは、『しなやかさという宝物』（晶文社）という本の中で、「自然との関わり、ほどよい勤労、労働の初歩の間で、子供たちは心と身体のしなやかさを身につけてきた。ところが、今はそれが失われている」と指摘している。

小さな頃は、否応なく家の手伝いをした。自然の中で、友達と遊ぶことも多かった。しかし、現在は、段々と自然から離れている。と同時に、心の自然も失いがちである。この傾向は、現在も進んでいる。もっと、心と身体のしなやかさを取り戻すことが必要であろう。

また、エバレットさんは、現代の日本がまるで「根のない大木」のようだ、そして、根とは、「先祖の記憶」だと記す。その一節は、深く心に刺さる。

★佐藤文隆、高橋義人『10代のための古典名句名言』（岩波ジュニア新書）

物理学者の佐藤文隆先生とドイツ文学者の高橋義人先生のお二人（共に、京都大学名誉教授）が、古今東西の名句名言を紹介する。

人の成長には、人、本、旅が必要だと思う。学校は、教師との出会いが大きく、その教師が語ってくれた名句、名言が、人生に影響を与えることがある。

お二人の先生共に、青春時代にたくさんの言葉と出会い、それを学生に話されている。お二人のような先生の存在は、生きることに悩む若者にとっては、良き人との出会いになると思えた。出会いが人を育てる。

佐藤先生は、尊敬する湯川秀樹先生が書かれた「學而不厭」（論語）について語る。「学びて厭《いと》わず」、すなわち「勉強し、勉強し、厭《あ》きずにまた、勉強する」の意味。京都大学の湯川記念館の壁に、湯川先生のこの言葉の額が掲げられている。

そして、湯川先生が色紙に書かれた「一日生きることは、一歩進むことでありたい」という言葉も挙げる。

佐藤先生は米沢のお生まれで、上杉鷹山の「為せば成る、為さねば成らぬ、何事も、成らぬは人の、為さぬなりけり」も紹介されている。佐藤先生のお人柄がうかがえる。

ドイツ文学者の高橋先生は、選ばれた言葉の説明を読みながら、実にロマンチストな先生に思えた。恋愛に関しての名言の紹介が多いのである。

「私は愛し、書き、そして生きた」スタンダール
「好きな人の欠点を美点と思わないような人間は、真に愛しているのではない」ゲーテ

「愛する、それはお互いに見つめ合うことではなく、一緒に同じ方向を見つめることである」

サン・テグジュペリ

こんな先生に、私も習いたかった。

この本は、中高生、そして、大学生にも推薦したい。もちろん、大人にも、お二人の先生の人生観を興味深く読むことができる。

★野矢茂樹『哲学な日々　考えさせない時代に抗して』(講談社)

作者の野矢茂樹さんは、哲学者であり東京大学名誉教授。大森荘蔵に師事した。

「どうか肩の力を抜いて読んでいただきたい」と書いているように、哲学者の日常を普段着で語っている。大学の哲学の授業の内容、師の大森荘蔵先生との出会い……。哲学することが、身近に感じられてくる。

野矢先生は散歩が好きだという。「目的に縛られていたのでは見えてこないものへと心を開いていなければいけない」。

「立ち止まって自分を問い直す哲学の姿勢を身につけてほしい」とも書く。

私も野矢先生と同じように、散歩好きである。ゴールを考えないでブラブラ歩く。無駄と言えば無駄。でも、そんな時間の中で、深呼吸する。

「街にかくされた、みえないあみだ籤の折り目をするするとひろげてゆくように、曲がり角をいくつも曲がって、どこかへゆくためにでなく、歩くことをたのしむために街を歩く」（長田弘『深呼吸の必要』）ように。

街角を曲がった時に、ふと新しい風景と出会う。散歩には、そんな発見の喜びがある。「歩くことをたのしむために街を歩く」ように、「今」を生きる。

また、野矢先生は「速さの罪」という文章の中で、「人間の罪は、自然を変えたことではなく、その変化の速さにある。こんなに途方もないスピードで環境を変化させていいわけがない」と記す。この点も同感である。「速く強く高く」を求めがちな現代だが、同時に、「ゆっくり弱く低く」という視点を持つことも大事であろう。人の成長も時間がかかる。ゆっくりゆっくりと。

悩みに向かう読書

★佐治守夫『カウンセリング入門』（国土社）

本書は、カウンセリングを学習する上で基本的な名著と言われる。

作者の佐治守夫先生は、心理学者であり、東京大学名誉教授だった。

カウンセリングでは、「問題解決が目標ではなく」、「人格的な成熟発展」が目標であり、問題は「成長の道具」になるものであるという。問題をマイナスに考えるのではなく、成長課題として自分を考えるきっかけと捉えている。

私にとっては、眼から鱗の一冊であった。

教師は、生徒と共に悩み共感する。だが、そこから離れて眺める目が必要である。

★河合隼雄『こころの処方箋』（新潮文庫）

三十代から五十代にかけて、私は河合隼雄先生の本を読みながら仕事を続けていた気がする。教師も、心の自己管理が大切である。

生徒の悩みに、教師もまた揺れながら同伴者として生きる。

そんな私にとって、河合先生は良き心のアドバイザー。河合先生の本を読んでいると、心がほぐれていく。まるで、カウンセリングを受けているようであった。

特に、『こころの処方箋』は、再読、三読……。幾度読み返したことだろう。

生徒にも勧め、授業の副教材にも使用した。

「人生で直面する出来事に、一つの答えはない」

「良いは悪い。悪いは良い」

「はてさて、二つ良いことないものよ」

「どんなに悪い状態でも、良いところを見つける」

「『悩み』は、成長のために必要」

「愚かな自分が、その愚かさと向き合い共に歩いて行く」

この本から、自分なりにこんなたくさんのヒントを得た。

また、同じく河合先生の『こころの子育て』（朝日新聞出版）は、子育てについて良きアドバイスに満ちている。保護者の方に勧めたい。

★辰濃和男『私の好きな悪字』（岩波現代文庫）

辰濃和男さんは、朝日新聞の名コラムニストである。深代惇郎さんの後、1975年12月から1988年8月まで「天声人語」を担当した。

著書『私の好きな悪字』では、世間では旗色の悪い、どこか嫌われる、いわば「悪字」を考察する。

例えば、「迷」。迷ってばかりいると、早くしなさいと怒られる。ところが辰濃さんは、八十四歳の陶芸家加藤唐九郎さんの「いまが男盛りじゃ。迷路のまっただ中じゃ」という言葉を紹介する。一生、迷いの中にある姿である。

また、「愚」という漢字。愚か者と嫌われる。しかし、「愚直」となると、そのおろかしいまでの「愚」は、さかしら心を離れて、一筋の姿に変わる。

辰濃さんのように、世間でどこか嫌われるものに、光をあてて考えてみることは、心のしなやかさにつながると思う。そして、楽しみは広がる。

★小澤竹俊『今日が人生最後の日だと思って生きなさい』(アスコム)

小澤竹俊先生は、東京慈恵会医科大学医学部卒業。救命救急センター、農村医療に従事した後、横浜甦生病院ホスピス病棟に勤め、病棟長となる。2006年に、めぐみ在宅クリニックを開院し、これまでに2800人以上の患者さんを看取る。

「もし、今日が人生最後の日だとしたら。あなたはどう生きたいですか」という問いから、人生にとって大切なこととは何かを考える。本当に大切なことを、人生の最終段階で気づき、生きる「支え」になる。

小澤先生は、医者として無力を感じながら末期患者に向き合う。その時にできることは、「たとえ役に立てなくても、その場から逃げず、共に苦しみを味わうこと」だという。
とかく、悩みを話す人に、良いことやアドバイスをしたくなる。実は、聞く側が、その場から逃げたくなっている。
小澤先生は、苦しんでいる人は苦しみをわかってくれていると思えるだけで、気持ちが楽になると言う。苦しむ人と、共にいることが難しい。
心に残った小澤先生の言葉を挙げてみる。

「患者さんの話を聴く際には、相手の話すテンポを大切にします」

先に行かず、遅れすぎないで、相手に添う。

「『真実』は、死を前にして大切だと思えるものに宿る」

自分にとって本当に大切なものや、本当に自分を支えてくれるものに気づく。本書を読みながら、私にとっては、支えになるものは、「家族」だと思う。
小澤先生は、死を前にして「丸裸の自分」が見えてくると書く。

死の側から生を見ると、そのかけがえのなさに気がつく。

例えば、「選ぶことができる自由があること」は、自分らしく生きる上で大切なこと。人生は、選択の連続である。

よく、自分は縛られていて不自由だと言う。しかし、縛っているのは自分で、やらないことの方を選んでいたのである。

自由に生きるとは、自分なりの選択を続けることかもしれない。


「老いて、病いを得ることで、人生は成熟していく」


「人が真の意味で『よく生きる』ためには、苦しみと向き合い、そこから学ぶことが必要」

悩みながら、苦しみながら歩いて行く。そこから、人生の意味を学んで行く。

――すばらしき絵本

★レオ・レオニ『フレデリック』（谷川俊太郎訳、好学社）

谷川俊太郎さんの訳で、「ちょっと　かわった　のねずみの　はなし」という副題がある。

他のねずみは、冬のために、食べ物を集めていた。でも、フレデリックは居眠りをしている様子。他のねずみたちが、腹を立てて「何をしているのか」と尋ねると、長い冬に話の種が尽きてしまわないように言葉を集めているのだという。

フレデリックは、「おひさまの ひかりや いろや ことばに ついて」考え集めていたのだ。

そして、食べ物がなくなった時に、他のねずみたちは、フレデリックの言葉を思い出す。何が本当に必要なのかは、わからない。一見すると無駄に思えることが、実は大切なことだったりする。

この絵本を読んでいると、無心に星空を眺めたくなる。立ち止まり、ゆっくりと。

★『ハチドリのひとしずく』（辻信一監修、光文社）

「ハチドリのひとしずく」という、南米のアンデス地方に伝わるお話。「いま 私にできること」とサブタイトルがつく。明治学院大学名誉教授の辻信一さんが翻訳し、日本に紹介してくださった。

森が燃えていました
森の生きものたちは われ先にと

逃げて いきました
でもクリキンディという名の
ハチドリだけは いったりきたり
口ばしで水のしずくを一滴ずつ運んでは
火の上に落としていきます
動物たちがそれを見て
「そんなことをして いったい何になるんだ」
といって笑います
クリキンディはこう答えました
「私は、私にできることをしているだけ」

これが全文である。自分一人ぐらいやったとしても変わらない。自分だけ一人が目立ってしまうのは嫌だ。他人について行く方が楽だ。

そんな風に思う時に、自分を振り返り軌道修正する。

自分一人でいい。他の人がやらなくとも笑われたとしても、自分のできることをやる。自分は自分なのだと、クリキンディは教えてくれる。

★**奈良美智『ともだちがほしかったこいぬ』（マガジンハウス）**

アーティスト奈良美智さんの絵本である。

その中に、

「きみが　もしもひとりぼっちで　とても　さびしくても、きっと　どこかでだれかが　きみとであうのを　まってるよ　だいじなのは　さがすきもち！」とある。

出会いとは、この絵本にあるように、きっと「さがすきもち」が大切なのかもしれない。

「出会い」は「出て会う」。自分から、一歩出る気持ちで。

子供は、じっと見つめる、しっかり見聞きしようとする心を持っている。

★**佐野洋子『だってだってのおばあさん』（フレーベル館）**

佐野洋子さんの『だってだってのおばあさん』は、私の大好きな絵本である。

自分を、〈どうせ「おばあさん」だから〉と決めつけていたおばあさんが、一匹の猫との関わりで、その考えを変え、自由に行動する。

すると、なんだか急に世界が楽しくなる。人は、自分を小さな枠に閉じ込めがち。そこから自由に子供のように、軽やかに変身する。

普段の口ぐせや、考えを逆転し、一歩前に動き出す。たとえ何歳であっても、人は変われる。

（1）大塚楠緒子（おおつかなおこ／くすおこ　1875〜1910年）　東京生まれ、歌人、作家。詩作や翻訳、新聞小説の執筆、絵画など多才であり、「才色兼備」として知られた。

（2）福原麟太郎（ふくはらりんたろう　1894〜1981年）　広島県生まれ、英文学者、随筆家。東京教育大学（現・筑波大学）文学部長を務める。

（3）良寛（りょうかん　1758〜1831年）　江戸時代後期、越後（現新潟県）の僧侶。歌人、漢詩人、書家としても知られる。子供とよく遊ぶなど、人々に親しまれた。

（4）加能作次郎（かのうさくじろう　1885〜1941年）　石川県生まれ、作家、評論家、翻訳家。小学校の教員を経て、上京。『ホトトギス』などに作品を発表する。

（5）壺井栄（つぼいさかえ　1899〜1967年）　香川県生まれ、作家。故郷小豆島を舞台にした『二十四の瞳』は名作として読み継がれ、何度も映像化されている。

（6）永田和宏（ながたかずひろ　1947年〜）　滋賀県生まれ、歌人、細胞生物学者。京都大学在学中に短歌を始める。京都大学名誉教授。短歌結社「塔」主宰。

（7）河野裕子（かわのゆうこ　1946〜2010年）　熊本県生まれ、歌人。京都女子大学四年生の時、角川短歌賞受賞。

（8）小島寅雄（こじまとらお　1914〜2002年）　神奈川県生まれ。神奈川師範学校卒業後、教職を経て鎌倉市教育研究所長、鎌倉市教育長、鎌倉市長を歴任。1985年に得度。全国良寛会名誉会長を務めた。

第六章★言葉の杖——故郷を想う

ある高校教師の言葉

高三の頃、実力テストの成績、特に国語が伸び悩んでいた。その時、恩師の国語教師から、一冊の高校入試の問題集を渡された。初めは馬鹿にされたのかと思った。しかし、それを解答していくうちに自信が出てきた。今から思うと基礎基本の大切さを教えられたのである。

その国語教師が、授業中にこんなことを話してくれた。私の中に、ずっと生きている「言葉の杖」になっている。

「文章は、一回読んでわからなければ二度三度とわかるまで読めばいい。何事も、他人がやれるように自分がやれないと思ったら、他人《ひと》の二倍三倍の時間をかけてやればいいじゃないか」

予習というものの、大切な意味合いも、こんな点にあるのではないだろうか。他人《ひと》と自分は違う。周りの早さに惑わされず、自分のペースで走ればいいと教えられた。

——方向転換

「速く、強く、高く」から、「ゆっくり、やさしく、低く」へと、自分なりに方向転換を続けている。

幼稚園長をしていた時に、園児の女の子から「園長先生、これあげる」と四つ葉のクローバーをプレゼントされた。「園庭の隅の、滑り台の後ろにあった」と。大人が気づかない、ささやかな楽しみもあるのかと驚き、嬉しくなった。そんな楽しみを、大人の自分も大切にしたい。園児から学んだことである。

忘筌

佐倉の国立歴史民俗博物館を訪ねた際に、佐倉城址公園にある「三逕亭《さんけい》」に寄る。大徳寺塔頭「孤篷庵」の「忘筌《ぼうせん》」を模した茶室であり、元は乃木神社にあったものを移築した。城内の三つの逕《みち》が合流するところにあるため、この名がつけられたという。

茶室の由来などに思いを巡らせつつ、お抹茶をいただく。

「筌」は、魚を捕らえる道具。いわば、手段。「忘筌」とは、手段にとらわれすぎないで、本質を忘れないことか。〈枝葉〉の部分に、とらわれすぎないこと。

目的とは何か。学校ならば、教育の目的とは何か。

人生ならば、より良く生きることなのだろう。

私は、そんな風に味わっている。

「三逕」の三つの逕《みち》とは、私の場合は、仕事、家庭、趣味。

何れも、自分に至る逕である。

楽しみながら、今年もゆっくりと歩く。

「民々と呼ぶ」

官々となる金石の声よりも民々と呼ぶ蝉ぞこひしき　井上円了

私が、初めて勤務した学校は、明治の仏教哲学者、井上円了先生の創立した学校であった。昨年、その学校に三十八年勤務して退職。一年後に、また、その円了先生が学祖である東洋大学に勤務している。不思議なものである。私の中で、一つの円環となっている。

円了先生は、新潟県の浄土真宗のお寺の生まれ。巡講で、全国津々浦々を歩いた。社会活動を重視された方である。

地方のお寺に泊まり、本堂で講演をした。

大正時代、二度、叙勲を断っている。

学んだことを、世に還元し続けた円了先生の人生に惹かれる。その「志」の高さに。

春雷

つり釜や茶の香たつとき春の雷　及川貞(1)

私が初めてお茶の稽古に通ったのは、文京区本駒込にある妙心寺派の禅寺だった。勤務先に近く、仕事帰りに、心を落ち着かせる時間だった。

そこの茶室では、今頃、天井から釜を吊る。炉火にかけられた釜がゆっくりと揺れる。その風情が好きだった。

釜が静まった時に、突然の春雷。のどかさを破る音。

驚きと共に、春を感じせてくれた。

心の揺れを味わう。

感じて動く

人は、どんな時にスイッチがオンになり、動き出すのか。

「感動は心の扉をひらく」は、児童文学者・椋鳩十さんの言葉である。感じて「動く」。たくさんの感動体験をする。感動することで、人生の「扉」は開かれる。

その感動の一つは、美しいものと出会うことかもしれない。

版画家の棟方志功さんは、小学校の時に、小川を飛んで転び倒れてしまう。その時、かわいい真っ白な「おもだかの花」を見て「こんなキレダもの、生まれさせたいナ」と思う。

「自分も美しいものを生み出したい」という思いから、志功さんの扉は開いた。


自然は、人生の「学校」であり、教師なのかもしれない。

逢花打花逢月打月

「逢花打花逢月打月」——花に逢えば花を打《た》す、月に逢えば月を打《た》す
禅の言葉である。

「打す」とは、ここでは「そのままに向き合う、味わう」というような意味。

「今」「ここ」に生きる、ありのままに向き合うことの難しさを思う。

過去に縛られたり、明日への不安で「今」から遠くなっている。

「逢花打花」。そのままに花の美しさを味わう。今の「花」に逢う。

人と逢う時も、同じかもしれない。目の前の人と、直に向き合う。

新任教師の時に、職員室で目の前の生徒を叱る際に、周囲の先生方の目が気になった。肩に力

が入りすぎていた。

「こうあらねばならない」が強すぎると窮屈になる。

「ねばならない」から抜け出し、自由になるには時間がかかる。

やがて、ゆるやかに「経験」に開かれ、自分も変化していく。

自分が、自分に帰っていく。

一苦一楽

一苦一楽して相磨練し、練極まりて福を成すものは、其の福始めて久し（『菜根譚』）

『菜根譚』は、中国明代の書。「精神の漢方」ともいわれる。

ある時は苦しみ、ある時は楽しむ。そうやって修行して得た幸福は、永久に続く。

良いことばかりではないし、苦しいことばかりではない。楽しい時に、有頂天になってはいけないし、苦しみの中でも「光」を見る。

むしろ苦しみの中から、泥中の蓮ではないが、美しい「華」が咲く。

梅は寒苦を経て清香を発す

そんな風に、人も変化し成長していくのかもしれない。

行路難

白楽天「太行路」という詩に、次の一節がある。

行路難
山よりも難く
水よりも険し

生きることの難しさを、山や河の険しさにたとえている。

人は、辛い時、どのような心の対処の仕方をするのだろう。そして、どうやって前向きに生きていくのだろう。

私の場合、次の点に気をつけている。

・自分だけでなくチーム（家族、仲間）で考え動く。家族や仲間を信頼する。
・過去の越えてきた自分の経験を思い出す。
・苦しい時でも、自分の成長につながる点を見つけて動く。
・信頼する人に話し、相談する。
・慌てオロオロする自分を、そのまま受け止める。そんな自分から逃げない。

事実は味方

わたしが自分の現実や他人の現実に開かれていればいるほど物事を急いで処理しようと焦らなくなる

カール・ロジャーズは、心理学者で、来談者中心療法の創始者。著書『人間論』の中にある言葉である。

人は、とかく否定的な思い込みをしがちだ。思い込みが、自分を苦しめる。結論をすぐに出し、早わかりしがち。

しかし、実際に動いてみると、それこそ想定外なことばかり起こるものである。そんなとき肯定的な事実が自分の味方をしてくれる。沖縄方言にある「なんくるないさ」の繰り返し。すべては、やがてうまくいく。長い目で見れば、慌てず。経験が道を開いてくれる。

学ぶことは遊ぶこと

橋本武『伝説の灘校教師が教える一生役立つ学ぶ力』(日本実業出版社)に、次の言葉がある。

「学ぶ」ことは「遊ぶ」こと、「遊ぶ」ことは「学ぶ」こと
すぐ役立つことは、すぐ役立たなくなる

楽しみながら学ぶ。そのためには、横道が大事。遠回りでも、自分の興味関心に「道」を与えてあげる。

「学ぶ」ことは、「生きる」こと。楽しみながら――。

自分に由り、自分を信じる

仏教学者の、ひろさちやさんが、自由とは「自分に由る」と書いている。誰しも、自由に生きたい。そのためには、よるべとする自分を作らねばならない。そこから自信も生まれてくるのかもしれない。自信は、「自分を信じる」と書く。

よく、子供たちの自尊心を高める教育と言われる。そのためには、自分を見つめる「内省力」を育てることが必要だ。自分を掘り、理解することである。

人は、自分をわかったほどに、他人をわかるのかもしれない。教育の場で、生徒理解の大切さが語られる。しかし、それと同じようには教師自身の自己理解が語られない。本当は、まず教師の自己理解が大切なのである。

故郷を想う

——犀川

私は、能登や金沢の自然風土に育てられた。北陸の美しい自然と文化は、人を育んでくれる。

夏の能登の海の美しさ、雪の金沢城石川門、早春の犀川は私の好きな風景。四季折々の自然が、人の感覚を育ててくれる。

能登出身の加能作次郎や、金沢出身の室生犀星(2)の文学から、自然の見方や感じ方を学んだ。自分の感覚を信じる、自分の感覚を磨くことの大切さである。

金沢に立ち寄ると、必ずと言っていいほど、犀川の辺りを一人で歩く。ふと、犀星の『抒情小曲集』の詩を思い出す。

犀川

うつくしき川は流れたり
そのほとりに我は住みぬ
春は春、なつはなつの
花つける堤に座りて
こまやけき本のなさけと愛とを知りぬ
いまもその川ながれ
美しき微風《そよ》とともに

蒼き波たたへたり

室生犀星は感覚の人であり、懐の深い人である。

詩人中野重治（3）は、室生犀星を文学の師としている。〈母乳〉のように、犀星文学の影響を受けている。犀星と中野の詩は、感覚的につながっていると感じる。

中野も、「寒中素足の人」と呼ばれるように感覚の人であろう。

大学時代のことである。私は永井義雄先生（4）の講義を受けていた。永井先生は、自分が金沢に来た理由を、「中野重治の『歌のわかれ』を読んだからだ」と話された。『歌のわかれ』は、金沢の四高生の青春と、その心情を描いた作品である。

また、『むらぎも』は、中野の故郷である福井の農村の生活感覚を土台にして描かれた、詩人らしい感覚描写の小説だ。

永井先生は、推薦図書の一冊として、中野の小説を学生たちに勧められた。経済学専門である教授が、中野の小説に惹かれ、金沢にやって来て、私たちにその作品を語る。これもまた、北陸という地の力だろうか。

心の中の雪景色

私には、忘れられない心の中の雪景色がある。

高三の冬、大学受験を前に、七尾から金沢まで列車で出かけた。その時に見た、雪の降る中の金沢城「石川門」は、この世で一番美しいと思う雪景色だ。

大学生になり、香林坊で呑み、外に出ると雪は止んでいた。雪明かりの中、広坂の前の道を下宿まで歩いて帰った。

その静かな雪の世界は、故郷を離れてもなお忘れられない。

雪明かりの路

私が金沢から上京して二年目、めずらしく東京に雪が降った晩のこと、福井にいる、大学時代の後輩Tから電話があった。Tは、学生時代と同じように静かな声で「先輩、僕M子さんと結婚します」とポツリと語った。

学生時代、Tは同じ学年の評判の美人M子が好きだった。しかし、当時M子には金沢美大の学生の恋人がいた。Tのまったくの片思いであった。結局四年になり、M子は福井の教員採用を、

Tは地元石川の試験をそれぞれ受け、それでTの一途な恋も終るはずであった。ところが、Tは親の反対を押し切り福井を受験して周囲を驚かせた、Tにとっても大学のある地元を受験する方が、はるかに有利になることはわかっていた。実際福井の受験では、Tの面接官が怪訝そうに、なぜ地元ではなく福井を受けたのか聞いたという。その時は、誰もが直情なTの行為にあきれていた。

後で話に聞けば、同じ県に就職していれば、M子にまた会う機会があるだろうとTは考えたらしい。

そして、二人とも合格し、教員研修の会議で久しぶりに顔を会わせ、そこからTはかつての恋を実らせたのである。

電話のTの声を聞きながら、私はあの雪の晩のことを思い出していた。私を含め二、三人の上級生が、M子に告白できないTのために、喫茶店があった香林坊から兼六園のM子の下宿まで行き、M子を誘いTを中心にして飲んだことがある。

そして、私たちはTにM子を送らせ、二人が足跡のない真白な雪路を、雪明かりに照らされて帰っていくのをぼんやりと眺めていた。私たちがTのためにできることは、それぐらいであった。あの消極的で内気なTは、卒業後も自分の気持ちに正直に、M子への思いをあたため実らせていったのだろう。私は、Tの電話から、彼の生き方に、人を愛することの静かな思いを教えられたような気がした。

雪の日の思い出

一対一で、人と会うのが好きである。

大学時代、哲学演習の授業で、選択する学生が少なく、教授の研究室で一対一の授業があった。担当の出雲路暢良先生[5]は仏教学がご専門で、「臨済録」の授業だったように思う。いや、浄土真宗のお寺のご住職だったから、もしかして別の書物だったかもしれない。

ある雪の日、「バスが動かないから休みにしよう」と、教授から私の下宿に電話があった。のんびりした、金沢での雪の日の思い出である。

講読の内容は難しく、まったくに近く、覚えていない。ただ、暗く本だけの殺風景な研究室での、出雲路先生との静かな講読の時間が好きだった。

階段の踊り場

退職する前、中高の教員時代はこんな生活だった。

朝5時過ぎの電車の中は、必ず座れるし空いている。電車の中で、本を読んだり、文章を書いたりできる。6時30分には、勤務先に到着。一番乗りだ。それから、「朝礼連絡と折々の記」をパソコンに入力。8時には、職場の先生達に配信する。800字ぐらいの文章を悩みながら、楽しみつつ綴る。日々の思いを伝えたいと続けていた。

そして、職員朝礼へ。これが、毎朝の私の始まり。

朝型生活は今も変わらない。

五十五歳を過ぎてからは何度か入院するようになった。身体の不自由な点が出てくるようになった。気持ちは変わらないのだが、身体は正直である。

入院は、人生の小休止。階段の踊り場のようなものだと思う。

私は、これからは「自然体」で生きたいと思っている。流れに任せて、無理しすぎないで。自分のペースで進む。

昨年の四月末も、恵比寿の病院に七日間入院した。せっかく恵比寿に入院したのだからと、手術の前日、病院を抜けて、近くの根津美術館に行った。私の好きな美術館である。

巡る季節の中で、逢いに行く屏風がある。正月は、東京国立博物館の長谷川等伯「松林図屏風」。そして、三井記念美術館の円山応挙「雪松図屏風」。

躑躅《つつじ》や燕子花《かきつばた》が咲く四月、五月には、根津美術館の尾形光琳「燕子花図屏風」。「燕子花図屏風」は、燕子花を描いて過不足がない。宇宙の広がりを感じさせてくれる。根津美術館では、光琳のものだけでなく、「四季草花図屏風」や「洛中洛外図屏風」も好きで、花の春、都の春に酔う。

正月は例年故郷に帰るのだが、令和3年の正月はいつもと違う時間になりそうである。自宅から動かずに、のんびりと。それはそれで、楽しみながら過ごしたい。

風花の舞う街

ふと、雪模様のどんよりした北陸の暗い空を思い出す。また、晴れた日に、風花の舞う街を歩いて通学したことも。

雪の夜やひとり釣瓶の落つる音　千代尼(6)

雪の夜の静けさを、釣瓶の落つる音で表現している。

北陸の能登に生まれた私には、雪の思い出がたくさんある。小さな頃、朝起きて玄関の戸を開けると、目の前が雪の壁のようになっていた。お寺の坂で、竹スキーで遊んだことも楽しく思い出す。

雪ふるといひしばかりの人しづか　室生犀星

雪は音もなく降り、豊年の瑞《しるし》とも言われる。

ふと外を見ると、雪が降っている。静かに、心に積もる雪を眺めるばかり。

犀星の故郷は、金沢。私の金沢の思い出も、雪景色である。香林坊で呑み、店を出た時に見た雪明かりの広坂通り。早春の犀川。冬から春への景色が好きだった。


「雪は天から送られた手紙」

「人間の眼が、いまの十倍か二十倍くらいに拡大されたら、雪山など、もったいなくて、とても歩かれないであろう」　中谷宇吉郎

それぞれの雪への思いがある。科学者の中谷さんも北陸の生まれだ。石川県の片山津に生まれ、旧制小松中学から四高、そして、東大の物理学科に進学し、寺田寅彦から指導を受ける。親愛の

情で自然を見ること、対象への愛を感じる。

感化力

宇ノ気（かほく市）の「西田幾多郎記念哲学館」に行く。前々から訪ねたかった場所である。安藤忠雄氏の設計であり、建築的にも興味深い。五階からは、宇ノ気の街並みや白山連峰が眺望できる。安藤ワールドに感嘆する。

今回の展示で興味深く感じたのは、「西田幾多郎と七尾」の関係であった。石川県尋常中学校七尾分校（現・県立七尾高校）が、西田の教師人生の出発点であったこと。結婚し、長女が生まれたのも七尾時代であること。また、井上円了とのつながりもわかった。井上の「哲学一夕話」を読んだことが、西田が哲学を学ぶきっかけになったという。

門下生の三木清[7]が、日記の中で、「先生と話をしていると勉強がしたくなる。自分も哲学者として大きな仕事をしなければならぬ」と書いている。先生と生徒（弟子）の影響力（感化力）とはこのようなものだろう。

教師も勉強せねばならぬ。

北の都に秋たけて

金沢の広坂に「石川四高記念文化交流館」がある。旧第四高等中学校本館である。その建物の前庭にある「北の都の碑」の設計は、金沢市出身の建築家・谷口吉郎さん。(8)「東宮御所」「東京国立近代美術館」「ホテルオークラ旧本館ロビー」等の設計で有名な方だ。また、「鈴木大拙館」を設計された谷口吉生さんの御父上である。吉郎さん、吉生さんは、いわば父子鷹。2019年7月には、金沢の寺町に「谷口吉郎・吉生記念　金沢建築館」がオープンした。

交流館の前にある碑には

「北の都に秋たけて

われ等二十の夢数ふ……」と刻まれている。

かけがえのない青春時代。

以前、旧制松本高校の校舎を訪ねたことがある。

生徒たちは、信州の山並みを眺めながら学生時代を過ごす。そこから、より向上しようという「志」が育まれたのだろう、と思った。風土は、人を育ててくれる。

同じように、四季の自然が美しい金沢という風土も、学生の「詩情」を育んでくれる。

春、犀川べりからの医王山の眺め。

夏、浅野川の川べりを歩き、天神橋から卯辰山へ。
秋、広坂の公園から香林坊へ。
冬、兼六園から雪景色の石川門へ。
青春時代の、私の思い出である。

能く登る

故郷の能登を紹介する際、私はよく、その地形を龍が天に昇る姿で「能《よ》く登る」と書くと説明した。

故郷能登半島の形を、「龍が玉をくわえている姿」と書いたのは、大正から昭和にかけて活躍した自然主義作家の加能作次郎。加能は、能登の富来の出身だ。

加能は、自分の体の一部に、いつも故郷があると語る。そして、左の手のひらを広げ親指を軽く曲げた。その親指の先端が、珠洲で、玉にあたるのが能登島である。

日本近代文学で、加能作次郎ほど能登の風土と人間を愛し描いた作家はいない。

また、哲学者で京都学派の西谷啓治先生(9)は、能登の宇出津の出身だ。以前、宇出津の西谷啓治記念館を訪ねたことがある。西谷先生は、小学校の時、一家が東京に移住。早稲田中学に進学する。記念館に、西谷先生の子供の頃の作文があり、故郷の能登を紹介する文章が展示されている。そこには、「能登は、能《よ》く登る」と書かれていた。志の高さを感じる。

『能登1000の星 1000の愛—愛が結ばれる星の半島』（能登ラブレジェンド実行委員会）という本を読んだ。夏の夜、美しい1000の星が降る。能登を舞台に、1000の出逢いの物語が紡がれる。

この本では、能登の形を「大海原を飛ぶ海鳥の翼のようです」と表していた。また、能登の「と」は、扉の戸で、扉をいっぱいに開いて、世界に向かっていると表現する。

そして、能登は、自然と共に生きる日本人の原形が残っていると——。

この本を読みながら、私の能登のイメージが、さらに広がっていった。

「能登の神社の鳥居はそのほとんどが海に向かって開いて」いると書かれている。

各地に伝わる逢瀬の物語も、心惹かれる。

日本三大火祭りの一つに数えられる「能登島向田の火祭り」。

越後の国をつくった伊夜比古神（男神）がこの土地を訪れ、伊夜比咩神（女神）と年に一度の逢瀬を楽しむ。大松明が、海の道を導くように燃えさかる。

能登は、古くて新しい「自然との共生」の中に生きている。

「能登はやさしや」

総武線の浅草橋から千駄ヶ谷までの、電車内でのこと。いつもより、乗客が少なく、電車の席に座ることができた。四ツ谷まで来た時、ふと、私の横に座っていた会社員風の男性二人の話が耳に入った。二人は温泉巡りが趣味らしく、東北の温泉の泉質がどうのと話していた。そのうちの一人が、「まだ行ったことのない石川県の和倉温泉に泊まって、能登半島の先まで行ってみたい」と話している。

横で聞いた私は、なんだか嬉しくなって、「私の故郷の和倉温泉はすぐ前が海で風光明媚なところですよ、湯冷めしない良い温泉です」と口をはさみたくなった。

しかし、見ず知らずの人に、急に話しかけても驚くだろう。それに、もう電車は信濃町駅にさしかかっている。私は隣の千駄ヶ谷駅に降りなければならないことを思い出し、我慢した。電車から降りて、話しかけなかったことを、少し後悔した。そして、能登の父親のことを思い出した。

もう、三十数年前のこと、私は、上京して練馬区の大泉学園にアパートを借りて住んでいた。ある時、父親が能登からやって来てアパートに泊まった。アパートの部屋には風呂がない。それで、二人で近くの銭湯に行った。すると、父親は、見ず知らずの人に、話しかける。「あんた、どこから来なさったか」と。その人も、自分（父親）と同じ「旅の人」だと思っているのである。

私は恥ずかしくてしかたがなかったが、父親は平気である。あたかも旧知の仲のように、分け隔てがない。そのうち、父と見ず知らずの人が、笑い出しているのである。私は、あきれてしまった。しかし、どこか羨ましくも思えた。能登弁が通じるとは思えないのだが。能登に暮らす父親は、今は九十六歳だから、その時は六十代だった。

不思議なことに、そんな父親の様子から、ある小説の一場面を思い出した。大正から昭和にかけて中央の文壇で活躍した、能登の富来出身の作家に加能作次郎がいる。その加能作次郎の私小説の中に、能登から父親が、東京で暮らす息子を訪ねて来る場面があった。昭和のことで、やはり、近くの銭湯に行く。すると、同じように、作次郎の父は、隣に座り身体を流している人に話しかけるのである。作次郎は、そのことが恥ずかしくて嫌だったと書いていた。作次郎は、生涯、父親のことを書き続けた。自分を慈しんでくれた父親のことを。

「能登はやさしや土までも」という言葉がある。作次郎や私の父親の様子から、きっと、その言葉の本意は、知らない人でも受け入れる、分け隔てなく人と付き合うことかもしれないと思う。能登の人の、広い心、寛大な心が、そこにある。

波に向かう船

能登の実家に一人で暮らす父は、九十六歳。近くに住む姉夫婦や、親戚が様子を見に行ってくれている。一昨日も雪が積もったので、家の前の除雪を親戚がやってくれたとのこと。電話でお礼を言った。

デイケアに行くため、週に三度、施設の方が迎えに来てくれる。

父は、今も、朝夕に仏壇を前に「正信偈」を唱えている。能登は、浄土真宗の盛んな土地である。父が、私によく言う言葉が、「娑婆は面白いようにはさせてくれぬものや」である。世の中は面白いことばかりではない、つらい苦しいことが多いという意味である。「娑婆」は仏教語であり、いわば「忍土」という意味である。

姉によれば、父はテレビでよく国会中継を見ているとのこと。私よりも、もしかして見ているかもしれない。

電話で話していると、「東京もコロナがひどいなあ。気をつけて」という。私は千葉に住んでいるのだが、勤務先が東京なので心配するのであろう。

去年の暮れには帰省した。父や友人に会い、和倉温泉で湯につかった。私が故郷で一番好きなのは、この和倉温泉の露天風呂につかり、凪いだ七尾湾を眺めることである。凪いだ七尾湾を眺めていると、心が本当に落ち着く。この風景を心からありがたいと思う。

しかし、今年はやむなく自宅で過ごすことに決めている。まったく、父の言うように、「娑婆は面白いようにはさせてくれぬものや」である。

父は八十五歳まで現役の漁師だった。中高生の頃は、時々漁に連れていかれた。漁に出れば、波が高い時もある。私は波が怖くて、つい船を斜めにして波をよけようとしてしまう。しかし、父はこう言った。

「波に対して逃げず、真っ向から向かっていくんだ」

その言葉どおり、父は波に対して直角に船を進め、波に「乗る」ようにしていた。逃げるのではなく、向かっていく方がむしろ安全なのだということを、私は父から学んだ。

父は一方で、係留してある船に飛び乗ろうとすると、とても怒った。

「何かを始めようとする時は、よくよく気をつけなければダメだ」と言う。

高い波には真っ向から進んでいく、そして、静かに浮かんでいる船にはそっと乗る――。

困難に直面した時、人生の岐路に立った時、私は父の言葉をよく思い出す。

（1）及川貞（おいかわてい　1899〜1993年）　東京生まれ、女流俳人。『馬酔木《あせび》』女流句会を起こした。
（2）室生犀星（むろうさいせい　1889〜1962年）　石川県生まれ、作家、詩人。『抒情小曲集』の詩の一節、「ふるさとは遠きにありて思ふもの」がよく知られる。
（3）中野重治（なかのしげはる　1902〜1979年）　福井県生まれ、作家、詩人。金沢の第四高等学校から東京帝国大学に進み、プロレタリア文学の旗手となる。
（4）永井義雄（ながいよしお　1931年〜）　愛知県生まれ、経済史学者、名古屋大学名誉教授。名古屋大学、金沢大学、一橋大学、関東学院大学で教授を務める。
（5）出雲路暢良（いずもじちょうりょう　1926〜1989年）　石川県生まれ、僧侶、浄土真宗大谷派専光寺住職、金沢大学教授。『現代をどう生きるか』『教育のいのち』などの著書がある。
（6）加賀千代女（かがちよじょ　1703〜1775年）　別名、千代尼。加賀国松任で生まれる（現・白山市）。有名な「朝顔につるべ取られてもらい水」など、朝顔の句を多数詠んだ。
（7）三木清（みききよし　1897〜1945年）　兵庫県生まれ、哲学者。治安維持法違反の知人を助け、獄中で亡くなった。死後刊行された『人生論ノート』はベストセラーとなった。
（8）谷口吉郎（たにぐちよしろう　1904〜1979年）　石川県生まれ。建築家。東宮御所、東京国立博物館東洋館、迎賓館和風別館、帝国劇場などの設計者として知られる。東京工業大学教授。
（9）西谷啓治（にしたにけいじ　1900〜1990年）　石川県生まれ、哲学者、京都大学名誉教授。京都帝国大学に進み、西田幾多郎に師事する。

あとがき

「師恩」という言葉がある。私には、人生で三人の大切な師がいる。

一人目は、高校時代の国語教師・佐々木高明先生、二人目は大学時代の森英一先生、三人目は勤務してから学んだカウンセリングの師である故金内茂男先生である。

佐々木先生からは、国語教師への道を、森先生からは郷土作家研究としての加能作次郎研究を、金内先生からは、生徒との関係性を高めるために学んだ教育カウンセリングの道を。それぞれの先生方のおかげで、私の現在がある。

本書の題名は、『共に揺れ、共に育つ』である。私の四十年の教師人生で、大切にしたことである。思春期の生徒、保護者、それに教師が、共に揺れながら生きる。むしろ、共に悩む中でこそ、人は育つと私は考えている。

星野道夫の『旅をする木』（文春文庫）の中に、私の好きな「十六歳のとき」と「もうひとつの時間」

という文章がある。「十六歳のとき」は、星野さんが十六歳の時にアメリカに一人旅をしたことが書かれている。約二カ月。危険と背中合わせのスリルの中で、「台本のない物語を生きる」。旅を終えた時、「心の筋肉」というものを感じる。この一人旅の体験が、後の写真家・星野道夫さんにつながっていく。

また「もうひとつの時間」は、今、私たちが生きているこの時に、アラスカの海で、一頭のクジラの巨体が宙に舞い上がり、ゆっくりと落下している。もう一つの時間が、ゆっくりと流れている。「すべてのものに平等に同じ時間が流れている不思議さ」に、知識だけでなく、感覚として気づく大切さを星野さんは書いている。

人の成長には、こんな一人の時間、世界には別な時間が流れていると思える想像力が必要である。それが、心のしなやかさにつながる。

人は、人と出会うことで、人となる。生き方に大きな影響を受ける。

私は、「火を継ぐ」という言葉が好きである。人生で影響を受けた先師先人の、心の火を継ぐ。それを感じて生きたい。

本書は、私の四作目の単著となる。前作の『白山の丘の上から』と同じく、安修平さんと編集者の本郷明美さんのご協力で出版することができた。本作りは、一座建立のように楽しい。また、お二人と共同作業ができたことを幸せに感じている。
私は、これからも教育現場の生の声を発信していきたいと思う。

2021年9月

杉原米和

杉原米和（すぎはらよねかず）
1956年石川県七尾市生まれ。金沢大学教育学部中等国語課程卒業。早稲田大学国語国文学専攻科修了後、京北学園で国語を担当。京北学園白山高等学校副校長、京北幼稚園長、東洋大学京北学園白山高等学校副校長、東洋大学京北中学校副校長を経て、現在は、東洋大学教職センター専門員、江戸川大学講師として教職志望の学生の指導に携わる。中高教員時代に勤務のかたわら、青山心理臨床教育センターをはじめ7年間カウンセリング研究所で学ぶ。産業カウンセラー、日本カウンセリング学会会員。いしかわ観光特使、石川県人会常任理事など、石川県の情報発信を教育とともにライフワークにしている。
著書に「関係をはぐくむ教育」（EDI）、「加能作次郎ノート」（武蔵野書房）、「ミリアニア石川の近代文学」（共著・能登印刷出版部）、「白山の丘の上から 生徒と共に生きる」（みくに出版）。

共に揺れる、共に育つ
四十年間教壇に立った或る教師の想い

2021年11月1日　初版発行

著　者――杉原米和
発行者――安修平
発行所――合同会社りょうゆう出版
〒349-0217 埼玉県白岡市小久喜1102-4
電話・FAX 0480-47-0016
https://ryoyu-pub.com/

編集協力――本郷明美
DTP・デザイン――山中俊幸（クールインク）
印刷・製本――中央精版印刷株式会社

ISBN978-4-910675-00-8 C0037